近代領航人物

永不妥協的鐵娘子
紫契爾夫人

李民安　著

三民書局

打開每個人心中的「想像盒」

七十多年前，法國著名作家「安東尼‧聖修伯里」寫過一本廣受歡迎並流傳至今的童話——《小王子》。書中那個好奇又好問的小男孩來自外星球，他純淨的心靈和真摯的感情，一直陪伴著我們地球上一代又一代人的成長。

作家聖修伯里曾經為小王子畫過一個可以讓綿羊居住的盒子。而作家自己也擁有一個珍寶盒，裡面收藏著老照片、舊信件和許多小玩意兒，他常常去翻弄這個盒子，想從中尋找創作的泉源。

三民書局的出版團隊也有這麼一個盛滿「想像」的大盒子，裡面匯集了編輯們經年累月的經驗、心得，以及來自作者、插畫家等的好主意和新點子。多年來，這個團隊不斷為小讀者們出版優秀的人物傳記、勵志叢書等。董事長劉振強先生認為這是出版人的使命，一個好傳統一定要延續下去，讓小讀者永遠有好書可讀，而且每一套書都要精益求精，各具特色。

因此，當我們開始構思下一套新書的方向，如何能夠既延續傳統，又能注入不同的角度和活力，呈現出一番新的面貌，便成為我們的首要考量。

編輯團隊圍坐在一起，慎重的打開我們的「想像盒」，希望從盒裡累積的智慧中汲取靈感。盒內的珍寶攤滿了桌面，眼前立即出現許多引導性的話語，大家一面仔細挑選，一面漸漸理出一個脈絡。

「書寫近代人物，更貼近小讀者的心靈。」

「介紹西方人物，增強小讀者對全球人物的興趣。」

「撰寫某個行業或某個領域中最有代表性的人物，他們的成就

對後世有重大影響，對小讀者有正面啟發作用。」

「多用說故事的方式寫作，以增加趣味性。」

「想像盒」就這樣奇妙的為我們搭起了一個框架，編輯團隊在這個架構中找到了方向，大家興奮的為新叢書定名為「近代領航人物」系列，並決定先從介紹西方人物入手。

框架既已穩固，該添進內容了。如何選取符合條件的撰寫對象，是編輯團隊的再次挑戰。我們又打開了「想像盒」……

「叮」的一聲，盒內跳出一個 "THINK" 的牌子，大家眼前一亮，「那不是 IBM 公司創始人湯姆士‧華生的座右銘嗎？意思是要我們海闊天空的去想像，才能產生創意啊！」於是，話匣子打開了。

有人說：「我們每個人手裡都拿著手機，不需要長長的電話線連接，就能無遠弗屆的與人聯繫，但對有『無線電之父──馬可尼』之稱的這個聰明人，我們知道的並不多。」

有人說：「啊！有了，我們何不請最喜歡開飛機的聖修伯里帶大家到義大利去拜訪馬可尼呢？」

有人說：「馬可尼不是已經拍來電報，為我們安排好去巴黎看可可‧香奈兒的時裝展示會了嗎？還要去倫敦聽約翰‧藍儂的搖滾音樂演唱會哩！」

有人說：「我對時裝展示會沒有太大興趣，但是既然去了巴黎，我倒是很想去看看大文豪雨果筆下的聖母院，也許會碰見那個神祕的鐘樓怪人！」

有人說：「我希望去倫敦時，能走訪唐寧街十號，一睹英國第一位女首相，鐵娘子柴契爾夫人的丰采。」她輕輕咳嗽了一聲，接著說：「我的肺炎剛痊癒，是用了抗生素才治好的。聽說抗生素是英國

細菌學家弗萊明發現的，我也想順便彎去他在倫敦的實驗室參觀一下。」

有人附議：「那太好了，我可以在路邊書報攤買本英國大經濟學家凱因斯主編的《經濟期刊》來一讀。」

有人舉起手來，激動的說：「我原是個害羞沉默的人，自從去上了卡內基的人際關係課程後，才學到怎麼樣表達自己。我想說出我的心願，那就是去美國華盛頓的林肯紀念碑前，聆聽人權鬥士馬丁·路德·金恩博士精彩動人的演講〈我有一個夢想〉。再去附近的國會山莊，參加約翰·甘迺迪的就職典禮，聽他充滿領袖魅力的經典名言，『不要問國家能為你做些什麼，要問你能為國家做些什麼。』」

有人跟著說：「我是環保和人道主義的支持者。既然我們到了美國，我想去緬因州，到環保使者瑞秋·卡森收集海洋生物標本的海邊去走一走。也想去紐約的聯合國兒童基金會總部拜訪兒童親善大使奧黛麗·赫本。這兩位心靈和外表都美麗的女士，一直是我最崇敬的偶像。」

看到大家點頭同意，他急忙追加：「啊，如果還能去洋基球場觀看棒球巨星貝比·魯斯在球場啟用那天轟出的第一支全壘打，那我就太滿足了……」

編輯們彼此會心一笑，這是討論時常有的現象，抱著「想像盒」，天南地北，穿越時空。我們總嘗試以開放的思路，為「傳記」類型的叢書增添更多的新意。

這時一陣歡笑聲響起，原來是美國物理學家費曼為慶祝自己得到諾貝爾獎而開的派對。賓客中有許多知名之士，第一位登陸月球的太空人阿姆斯壯也在其中。聽說費曼正在調查挑戰者號太空梭故

障的原因，阿姆斯壯是他最好的太空顧問！費曼是位科學家，但他興趣廣泛，音樂、舞蹈樣樣精通。只見他隨著熱情洋溢的森巴舞曲，一面打著鼓，一面與現代舞創始人瑪莎‧格蘭姆翩然起舞。

「別鬧了！費曼先生。」門口走進一位胖嘟嘟，面無表情的老頭，把大家嚇了一大跳！只見他拿起手上的擴音器說了一聲「卡」，啊啊，難道他就是那位驚悚片大導演希區考克？

他嚴肅的接著說：「受世人景仰的南非自由鬥士曼德拉先生剛剛辭世。請大家起立致敬。」

我們這趟「穿越之旅」中的二十位人物即將登場，希望他們的領航故事也能開啟小讀者心中的「想像盒」，將來或可成為另一個新領域中的領航人，傳承發揚人類的智慧和文明。

在此特別感謝為小讀者說故事的作者們，除了正文之外，他們都特別增寫了一篇數百字的「後記」，提綱挈領的道出各撰寫人物對世界的影響，提供小讀者更明確的閱讀指標。同樣也感謝繪製精彩畫面的插畫家們，為使圖文搭配相得益彰，不惜數易其稿。對編輯團隊能讓叢書順利的如期出版，我心存感激。對充滿使命感、長期為小讀者做出貢獻的三民書局，我致上最高的敬意。

對您，選擇讀這套叢書，我誠懇的說聲「謝謝」。有您的支持，讓我們有信心為小讀者打造更多優良讀物。

2013 年歲末寫於臺北

確定要寫柴契爾夫人之後，我就開始了找資料的工作。

柴契爾夫人不是太久遠以前的人，她在世時，已經有了電視媒體，因此應該不難在網路上找到關於她的影音紀錄。我相信，最詳實的資料莫過於讓這個人親自來開口介紹。

我第一個找到的資料，是 2007 年 2 月 21 日在英國議會，她去參加為她的銅像所舉行的揭幕儀式。離開首相一職已經將近十七年的她，當年已經八十一歲了，雖略顯老態，但精神依然健朗。

只見她拿起剪刀，十分俐落的把緞帶剪斷，還一把扯下覆蓋在銅像上的布，周圍的人鼓掌要她說兩句話。在掌聲漸歇後，她對著麥克風沉思了一下，抬起頭好整以暇的說：「雖然我比較喜歡『鐵』，但是『銅』也將就啦。」這是對照她有名的「鐵娘子」封號發抒的感慨，全場立刻哄然大笑。

看到這裡，我真是打心裡欣賞她的幽默。後來從資料裡看到，以前也有人做了一個她的大理石雕像，但是陳列沒多久，雕像的頭就被不滿分子敲下來了。

2013 年初，柴契爾夫人過世以後，英國女皇和世界各國政要，都公開表示哀悼。由於她對英國貢獻良多，原本英國政府打算比照當年邱吉爾首相葬禮的模式，為她舉行最高規格的國葬，但是被家屬婉拒了。據她的家人表示，柴契爾夫人生前交代，只要一個簡單樸素的葬禮，不必為她舉行隆重的國葬。也就在她去世的那一天，有一個居住在英國工業區的男子過七十大壽，他大剌剌的對著電視鏡頭表示，柴契爾夫人的死訊，是他收到最好的一份生日禮物。

這些報導讓我不禁想，這個以「鐵娘子」稱號聞名於世的柴契爾夫人，究竟是個怎麼樣的人啊？有人敬她，敬得要樹立雕像以表

愛戴；但同時也有人恨她，恨得要把她雕像的頭砍下才足以洩憤。而對她的辭世，有很多人悼念痛心，卻也同樣有很多人額手稱慶。

看起來，她在愛戴她的人面前沒有趾高氣昂的傲氣，同時也似乎沒有把痛恨她的人放在眼裡，很有一種「千山我獨行，不必相送」的瀟灑豪邁。就憑這一點，我深深的為她著迷了。

不管你贊不贊成柴契爾夫人的主張和作為，但是在你了解了她一生的經歷和奮鬥之後，很難不佩服她在逆境中堅持下來的毅力和勇氣。在寫作的過程中，我也覺得，我寫的並不是一個全世界著名的政治家，而是一個跟我們大多數人一樣的平凡人。最後造就她不平凡事業的原因，只不過是在大多數人都會選擇放棄的時候，她選擇了堅持；在大多數人都認為離開比較好的時候，她決定留下來繼續奮鬥。

很希望你在讀完這本書之後，也能為自己找到一些堅持和奮鬥的勇氣。

李民安

她常說，如果自己是個男的，那麼她的名字就是「國泰」，但是誰叫女孩子在家族裡是不排行的，所以她這個「國」字輩的女生，就只能是「民安」了。對三民的小讀者來說，「李民安」應不是一個陌生的作者，她曾在三民出版過《解剖大偵探：柯南‧道爾 vs. 福爾摩斯》、《石頭不見了》、《新政先生：富蘭克林‧羅斯福》等七本讀物。常年在學校工作的經歷，讓她能保有一顆赤子之心，她是一個喜歡嘗試新事物的作者，儘管嘗新不能保證都是快樂的結局，但她依舊樂此不疲。

永不妥協的鐵娘子
柴契爾夫人

目次

CONTENT

柴契爾夫人

$1925 \sim 2013$

Margaret Thatcher

故事開始之前

下午，讀四年級的沛沛放學回家。媽媽奇怪的發現她看起來有點悶悶不樂，因為沛沛是一個樂觀開朗的孩子，通常沒有什麼事情會讓她鬱悶。

「沛沛，怎麼啦？」媽媽放下手中的書，遞給她一根她最愛的芒果冰棒。

「媽媽，女生真的比男生差嗎？」小傢伙放下書包，拿過冰棒，把自己摔進沙發裡。

「誰說的？」

「我們班今天選班長，第一次投票，我跟周曉航同票。第二次再投票的時候，老師說了一句，男生做班長好像通常比女生做來得恰當，因為男生的組織力比較強，也比較果斷，害我最後輸周

曉航三票，只能做副班長。」

「是嗎？」

「更讓我生氣的是，老師在選舉結果出來以後，居然還說，通常都是男生做正的、女生做副的，好像男生總比女生厲害似的。」沛沛的嘴嘟得半天高，非常的不服氣。

媽媽心裡想，這個老師也真是的，都什麼時代了，怎麼還有這種男尊女卑的僵化思想？隨便說的一句話，會給孩子多麼不好的影響啊！

她忽然想到一個活生生的現代教材，或許可以解開沛沛心中的不平和疑惑，於是把電腦拿出來，上網找出一張照片，然後把沛沛叫來，指給她看。

這張照片是在一個大廳裡照的，兩根柱子之間的牆上掛了一幅很大的古裝仕女油畫，畫的左右是兩面鏡子。照片的主體是兩排人，前排的人坐著，後排的人站著，全部西裝革履正襟危坐。

時常看報紙的沛沛對這樣的畫面覺得有幾分

熟悉：「媽媽，這好像是政府官員的團體照吧。」

「沒錯。妳還看出什麼？」

「我看我們老師說的可能一點都沒有錯，妳看這麼多人裡面，只有一個女的。」沛沛伸出指頭，指了指坐在前排正中央唯一的那位女士，有一點洩氣的說。

「妳知道她是誰嗎？」

沛沛搖搖頭。

「她可是這一群政府要員裡，最大的官呢！」媽媽告訴她。

「真的嗎？」沛沛的大眼睛一下子亮了起來：

「這些男生都歸她管嗎？」

「對，她是英國到現在為止唯一的女首相，也是歐洲國家第一位實質的女性領袖。這是1979年她跟所有內閣官員的合影。」

「1979年我還沒生呢！那麼早以前英國就有女首相了啊？那這個女生一定很厲害，而且她一定是比這些男生都厲害，才能管著他們，對吧？」

孩子的童言童語讓媽媽笑了起來：「想知道她是誰嗎？我就來跟妳介紹一下這個厲害的女生吧！」

雜貨店的女兒

　　照片中唯一的這個女人，叫做瑪格麗特·羅伯茲，出生於英格蘭東部林肯郡的格蘭瑟姆鎮。要認識她，就一定要先認識她的家庭，尤其是她的父親阿爾佛瑞德·羅伯茲，因為那是對她一生有著最深刻影響的人。

　　羅伯茲家四代都是鞋匠，阿爾佛瑞德卻很想做老師，無奈因為家境貧寒，不得已在十三歲的時候就輟學了。1913 年他當上格蘭瑟姆鎮一家食品店的經理。一年以後第一次世界大戰爆發，由於他非常愛國，所以曾經六次申請參軍，但都因為體檢沒有通過而被打了回票。從軍不成，他只好安心的經營食品業。1917 年和漂亮的裁縫師斯蒂芬森小姐結婚，她就是瑪格麗特的母親。

斯蒂芬森非常勤儉能幹，婚後兩年，兩人就用積蓄和貸款買下第一家自己的雜貨店，樓下做生意，樓上當住家。

1921 年瑪格麗特的姐姐出世，1923 年夫妻二人買下第二家雜貨店。1925 年的 10 月 13 日，瑪格麗特出生在第一家雜貨店的樓上，同年，她的父親又擴大了雜貨店的經營，買下和住家相連的兩棟房子。可以說，在瑪格麗特出生的時候，羅伯茲夫婦在格蘭瑟姆鎮上已經是非常具有實力的商人了。

樓下做生意，樓上住家，這種工作和生活空間結合的生活形態，很難清楚劃分上下班的時間，不管客人什麼時候上門，都得為他們服務。但也因為這樣，全家人無時無刻不在一起，小孩能長時間和父母相處。

　　瑪格麗特的父母都是虔誠的衛理公會＊教徒，每個星期天上午，全家人都要上教堂。她和姐姐去主日學＊，父母固定參加在教堂舉行的晚禮拜＊。阿爾佛瑞德還是衛理公會小有名氣的傳道人，時常應教友的要求，到各處去講道，因此家庭生活中的宗教氣氛非常濃厚。

　　也由於教會裡的活動非常多，占據了瑪格麗特絕大部分的自由時間，使她從小就不能像其他同學一樣去參加朋友的生日會、看電影、逛街，或者就只是單純和朋友聚聚，所以難免也會抱怨。但父親總是對她說：「千萬不要因為別人去做什麼，妳就去做什麼。」這種不隨波逐流、不人云亦云的態度，是父親給她最重要的教育，讓她

＊**衛理公會 (Wesleyans)**：基督教新教的主要宗派之一，主要分布於英國、美國。著重在基層群眾間進行傳教活動，宣稱「內心平安喜樂」便是幸福。

＊**主日學**：基督教會在星期天早上為青少年或小朋友所舉辦的一種宗教教育活動，內容和形式都很多樣。

＊**晚禮拜**：基督教會在晚上舉行的敬拜活動。

從小就知道，不因別人有不同的意見，或者得不到別人的支持，而去改變自己的原則和信念。這種堅持的態度，也是日後成為英國首相的柴契爾夫人，最被同黨友人和政敵痛恨的一點。有許多時候，他們都希望，要是瑪格麗特能夠不要那麼有原則，能稍稍轉個彎就好了。

　　阿爾佛瑞德除了是雜貨店的老闆和教會的傳道人以外，熱心公共事務的他，也是小鎮的議員。一般來說，大多數的女孩子對政治事務並不會特別有興趣，但是瑪格麗特卻不同，喜歡跟前跟後、問這問那。她從小就喜歡聽大人談話，這些談話內容，除了鄉里鄉親之間的閒事，和宗教信仰上的探討以外，還包括了當時發生在國內和國際間的大事。因此從童年開始，瑪格麗特小小的腦子裡，就已經開始勾勒一張大大的世界地圖了。

　　阿爾佛瑞德一家一直是英國保守黨﹡的黨員，他對自己這個思路清晰，從小就勇於表現自己、辯才無礙的小女兒，一向當成兒子來培養，耳濡目染下，瑪格麗特也完全接收了父親的政治觀點，是忠實的保守黨員。

　　她信奉「自助而後人助」，認為老百姓不能太依賴政府，自己一定要先能夠自立自強，否則政府的救濟金，只會養出一群不思進取的社會寄生蟲。所以政府不必是一個無所不能的超強大組織，只需要保障個人和企業能公平發展、獲得利益就好。因為個人和企業就像是國家身體裡面的小細胞，有了一群生機勃勃、健全發展的個人和企業，整個國家的經濟體系自然能夠健康繁榮。

　　這種強調私人企業健全發展、限制職權的「小政府」概念，是她從父親經營雜貨店的過程，

﹡保守黨：英國歷史最悠久的政黨，也是世界上最古老的政治團體。在整個 20 世紀中，英國有 2/3 的時間是由保守黨執政。

和對格蘭瑟姆鎮經濟活動的觀察，所得出的結論。日後，當她成為英國掌舵人，不過是把這個概念擴大，放到全英國經濟體系中實踐罷了。

家庭教育就像是培養土，瑪格麗特則是一粒小小的種子，在肥沃的土壤中，蓄勢待發，一點一點茁壯成長。

● ◌ ● ◌ ★ ◌ ● ◌ ●

沛沛仰起臉：「所以罵別人沒有家教，是很嚴重的，對嗎？」

「當然囉！」媽媽闔上電腦，準備去煮飯了。

「媽媽，那麼我們家的家教是什麼？」

這真是一個好問題，不過不容易三言兩語講清楚：「想想什麼是爸爸媽媽最希望妳有的品德？我們最希望妳成為一個什麼樣的人？妳犯了什麼樣的錯我們可以原諒？什麼樣的錯是我們絕對不能容忍的？妳不妨好好想想，要知道，一個人的氣質和待人接物的態度，可是一門大學問喲！都是從家裡一點一滴培養出來的，絕對不是臨時抱

佛腳就能假裝的。」

　　沛沛一臉很認真的表情，想了想說：「所以家教跟一個人家裡有沒有錢，沒有什麼關係，跟他父母是不是大官也沒有關係？」

　　媽媽笑著刮了刮她的鼻子：「對啦！一個人站出去的一言一行，代表的就是這個人的家教。什麼樣的事可以做，什麼樣的話不能說，反映出來的就是妳的家教，這點不管在哪裡，都是同樣的道理。」

　　「媽，好了，妳又在機會教育了。」沛沛興致很高：「後來呢？瑪格麗特長大以後呢？」

　　媽媽決定吊一吊沛沛的胃口：「妳不餓嗎？我可是要去做飯了，爸爸馬上就下班回來了，欲知後事如何……」

　　沛沛自動接了一句：「我們下回分解。」她說完就笑了：「哎呀，媽，妳怎麼學起說書的來了？」

家庭教育

　　要談瑪格麗特的家庭教育，還是得說一說她的父親阿爾佛瑞德。

　　除了教導瑪格麗特要堅持做自己認為正確、應該要做的事情，不必在意是不是得到支持以外，身為一個曾經六次嘗試從軍救國的愛國主義者，阿爾佛瑞德也把國家至上的觀念和情操傳給了瑪格麗特。而作為雜貨店的老闆，要能讓客人心甘情願的一次又一次回來光顧，而且還有本事在同一個小鎮上，開起數家連鎖店，他一定要走童叟無欺、貨真價實、薄利多銷的誠實路線。這也讓瑪格麗特從小就養成不欺瞞的品格，後來當她面對英國最困難的時刻，也不曾想過要對國民粉飾太平，以安民心。

雜貨店的工作，不但時間長，
而且內容非常繁瑣，全家人都得
投入，沒有人能夠偷懶，只要家
裡客人多，需要幫忙，大人忙
不過來的時候，瑪格麗特和姐
姐也都得隨時準備跑腿。這個慣
例從她們小的時候就開始了。

　　雖然開了好幾家雜貨店，已成為鎮
上數一數二的大商人，但是斯蒂芬森仍節儉刻
苦，從來不寵孩子。她訓練孩子從小開始學做家
事，從簡單的跑腿到比較複雜的任務都有。重要
的不是工作的內容，而是要讓孩子從小養成工作
的習慣。因此瑪格麗特曾經說過：「在我們家工作
第一，偷懶是一種不可饒恕的『罪過』。」

　　雜貨店的工作量很大，但是斯蒂芬森依然能
把家裡的事情安排得井井有條。這種講究效率的
身教，很顯然影響到瑪格麗特，長大後身居要職
的她，表現出來的高效率，常常讓跟她一起工作

的議員或下屬驚嘆連連。跟她一起出過差的外交大臣就曾經領教過：「她的精力之充沛，實在太驚人了。我早上很早起來整理東西，六點坐在房間裡的時候，發現她已經著裝完畢，化好妝，頭髮也弄得一絲不苟，東西也都整理得差不多了。我相信她起碼在我起床以前一個小時就起來了，簡直是一個工作狂！」

　　她對自己的要求嚴格，凡事都要事先準備完善。別人或許因為各種理由沒有準備好，但是她絕對有準備，這讓每個跟她共事的人，都得戰戰兢兢，不敢打混。你以為你的資料準備得很充分了，但是等她把她的資料拿出來一看，哇！比你的還厚。這樣一來，以後你除了拚命把事情做到最好，沒有第二條路可以走。

　　雖然在當時的格蘭瑟姆鎮，瑪格麗特家的雜貨店事業已經頗具規模，但是整個大環境和今天比起來，還是非常刻苦。她記得小的時候，家裡

的水龍頭打開只有冷水，而且沒有室內的廁所。但是母親把每一樣東西都弄得很乾淨，看起來像新的一樣，生活樸實不浮華，而且秩序井然。

舉個例子來說，有一次要給用舊了的沙發換個沙發套，這可是家裡的一件大事，所以全家人就一起去逛街買布。瑪格麗特和姐姐看上許多顏色鮮豔、花樣活潑、很有朝氣感的布料，但都被媽媽一口否決了。斯蒂芬森的理由不容置疑：「這樣的顏色和花紋，容易弄髒不說，而且壞了還不好修補，太不實用了。」

當時瑪格麗特喪氣的想：「我真希望將來自己買東西的時候，永遠都不必考慮是不是好修補，或者是不是實用。」

在瑪格麗特成長的過程中，曾經歷第二次世界大戰。戰爭期間，死亡似乎離每個人更近了。因為格蘭瑟姆鎮附近有一家兵工廠，是一個很明顯的攻擊目標，所以在二次大戰期間，這個小鎮一共遭受過德國空軍二十一次的空襲，鎮上有七

十八個人喪生。「躲警報」對少女時代的瑪格麗特來說，可以算是家常便飯。也因此，瑪格麗特深刻體會到戰爭的殘酷和可怕，如果不是萬不得已，絕對不要輕啟戰端。同時，這也是她和戰爭的發動者德國最直接的接觸，讓她對在納粹統治下的極權國家有了非常反感的第一印象，也使得瑪格麗特終其一生都站在反對極權主義*的這一方。

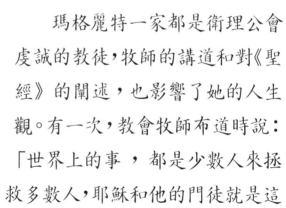

瑪格麗特一家都是衛理公會虔誠的教徒，牧師的講道和對《聖經》的闡述，也影響了她的人生觀。有一次，教會牧師布道時說：「世界上的事，都是少數人來拯救多數人，耶穌和他的門徒就是這樣。」這句話給了她很大的鼓舞，讓她對「犧牲」

*極權主義：特定的個人或群體，集中權力、壟斷政權。一切決策與利益，皆由獨裁者掌控，人民普遍受到嚴格控制，異議言論也被當政者打壓。

有了更深刻的認識，也體會如果有朝一日「有幸」成為這種少數人，毋需害怕，只要勇於承擔。而牧師也說：「歷史證明，生於危難之際的人，有足夠的能力應付另一次的危機。」這也讓她在低潮的時候，依然能夠對未來保持樂觀的信念。

在格蘭瑟姆這個小鎮上，就算都信仰基督教，也還是有不同的教派和教會，而不同的教派間，除了對《聖經》有不同的見解之外，對教徒生活也有著不一樣的規範。衛理公會在其中是一個比較嚴謹的教派，他們的教徒不穿有花邊的衣服，強調宗教應該為社會服務，主張人人都應該克制各種欲望，防止它們無限制的擴張。教友之間最主要的交流活動是聚餐，教會也常常舉辦各項社會救濟募款。

瑪格麗特是在這樣一個嚴以律己，並重視助人的家庭中長大的，家庭生活的嚴謹氛圍，讓外人覺得這一家人的日子似乎頗為死板，而且也不怎麼幽默。她自己也說：「在我的生活中，很少有

快樂和驚喜的成分，一切都是按部就班，照計畫行事的。」

　　瑪格麗特從五歲開始學琴，九歲時參加了教會舉辦的鋼琴比賽，得到同齡組的第一名，非常高興。第二天鋼琴老師笑著拍拍她的肩膀說：「瑪格麗特，恭喜妳拿了第一名，運氣不錯哦！」沒有想到，才九歲的瑪格麗特非常正經，而且充滿自信的「糾正」老師的話：「這個第一名，不是因為我的運氣好或者僥倖，而是由於我的努力，是我應得的。」這一句理直氣壯的話，被人傳誦再三，成了後來女首相為人稱道的許多名言之一。

　　得了鋼琴比賽的第一名，教會裡不免就有一些朋友問瑪格麗特的媽媽：「妳覺得她以後會走鋼琴演奏家這條路嗎？」豈料知女莫若母的斯蒂芬森十分篤定的回答說：「絕對不會！」

　　「哦？」

「因為我們家的這個女兒，她的志向要大得多了。」

● ● ● ☆ ● ☆ ●

「媽，今天國文科老師又要我們寫『我的志願』，這個題目都快寫爛了，每年每一個國文老師都特別喜歡給學生寫這個題目，真無聊。」沛沛回家一放下書包就嘟著嘴抱怨說。

媽媽聽了忍不住笑起來，因為她記得，小時候也寫過無數次這樣的作文題目。

「為什麼大人都很喜歡問小孩子將來想要做什麼？反正我們一步一步走下去，最後是什麼就是什麼了呀！」她歪著頭想了一想：「難道真的有人，小的時候立志要做什麼，最後就做成什麼嗎？我記得我從小學一年級開始，志願起碼已經變過五、六次了。」

「是啊，我記得最早，妳想要開飛機。後來迷上吳媽媽做的小點心，就要做冠軍廚師。幾年前奧運那一陣子，妳對練體操興趣很高，但是等

到爸爸買了電腦以後，妳又想當設計電腦遊戲的人。去年因為很喜歡教妳的劉老師，就想以後也當中文老師，現在呢？妳今年的志願是什麼？」

「還不知道，很煩吧，反正老師要我們先好好想一想，下個星期二才要交。」

沛沛忽然想起什麼：「對了，媽，我很好奇吧，妳昨天跟我講的那個瑪格麗特，那麼厲害的女生，是不是從小就『立志』要做首相呢？」

還沒有等媽媽回答，她又皺起了眉頭，自顧自的說：「我想我是不可能成為什麼大人物的，因為我如果在河邊看到魚，只會覺得魚很可愛，記得嗎？去年爸爸帶我們去美國玩，在一個國家公園看到鮭魚洄流，我就沒有從逆流而上的魚，聯想到人要不怕逆境這麼『偉大』的道理。」

「對啊，我也相信，妳如果砍斷了櫻桃樹，也是一定不會承認的，哈哈哈！」媽媽對這一點，倒是完全沒有懷疑。

從牛津出發

　　瑪格麗特沒有顯赫家世，不算特別富有，又生長在一個只有三萬四千多人的格蘭瑟姆鎮。從這麼一個小地方，她是怎麼給自己走出了一條更寬廣的路？她又憑什麼本事到外面的世界去闖蕩？

　　從古到今，從中到外，關於這個問題的答案都只有一個，那就是「教育」。

　　除了家庭和教會之外，學校是瑪格麗特格在蘭瑟姆鎮時期的另一個生活重心。或許她的父母也是「別讓孩子輸在起跑點」的信徒，所以早在瑪格麗特入學以前，就已經教給她一些簡單的知識與技能。當然最關鍵的還是，她自己非常喜歡學習，喜歡吸收新知識，父親阿爾佛瑞德也對她

的教育有舉足輕重的影響。

　　還記得嗎？阿爾佛瑞德小的時候，原先很希望當老師，但是由於家境不允許，不得已在十三歲輟學。雖然後來靠著自學、聰穎和努力，有了自己的事業，甚至還當上了地方議會的議員，和一任格蘭瑟姆鎮的鎮長，但是沒有接受足夠的學校教育，一直是他的遺憾。因此，他絕對不要同樣的遺憾發生在自己女兒身上。

　　阿爾佛瑞德雖然有兩個女兒，但是他很顯然更用心培養瑪格麗特，這個跟一般女孩子不一樣的小女兒。 由於自己關心並且親身參與公共事務，所以他在瑪格麗特很小的時候，就帶著她參加各種政治活動，而瑪格麗特也很快就從中發現了無盡的樂趣。

　　她第一次涉足政治是在 1935 年。那年她雖然才十歲，還沒有能力為競選鎮議員的父親做宣傳、拉選票，但是她也被分到一份在競選總部折宣傳單的工作，還有在投票當天，往返投票站和

競選總部之間，傳遞和開票有關的信息。

● ☆ ● ☆ ● ☆ ●

「十歲？也跟我現在一樣讀四年級吧。」沛沛很快就把瑪格麗特和自己做了聯想。

「是啊，妳對政治有興趣嗎？」媽媽開玩笑的問。

沛沛搖搖頭：「才沒興趣呢！妳看選舉的時候，打開電視，大家在那裡罵來罵去，每個人都把對手說得很糟糕，好像他們中間都沒有一個好人似的。」

媽媽問：「那妳不會覺得很奇怪，為什麼瑪格麗特就沒有這個感覺呢？」

「會不會是她們那裡的選舉跟我們這裡不一樣？」

媽媽試著解釋：「英國是全世界最老牌的民主國家，也是最早實踐議會政治的國家，我們跟他們比起來，經驗還是很不夠。不過，我覺得那還是因為受她父親影響的緣故。」

媽媽說：「瑪格麗特很快就發現，不管這些人在議會裡面，跟她的爸爸爭執得多麼厲害，或者競選的時候，彼此鬥爭得有多麼激烈，平常大家還是會到店裡來買東西。在私底下相處的時候，並沒有夾雜黨派之間的仇恨，大家都還是好朋友。而且阿爾佛瑞德一再告誡她，政治是有局限性的，不是解決所有問題的萬靈丹，參與公共事務本來就是身為公民的一項義務，絕對不要因為政見不同，而損害彼此的人格。」

「這究竟是什麼意思？」沛沛還是有點疑惑。

「意思就是，只要妳身為團體的一分子，那麼跟團體有關的事情，就應該要去關心，如果需

要出錢或者出力，妳也有義務要出錢出力。就好像妳們班上要討論班費怎麼用，妳是班上的一分子，就有義務參加討論。如果班上有兩、三個不同意見的小團體，就像是黨派一樣，最後表決的結果，要是周曉航他們的意見得到多數同學的支持，難道妳就跟他們絕交、變成敵人嗎？或者以後在討論事情的時候，妳會因為提意見的人，跟妳不是同一國的，就不管他的意見好不好，堅決反對到底嗎？」

沛沛想了想，很誠實的表示：「有的時候好像會吧。」

媽媽說：「那妳可得好好反省了。」

● ☆ ● ☆ ● ☆ ●

瑪格麗特從很小的時候就養成了閱讀的習慣。她跟爸爸每個星期都會去圖書館借書，就算爸爸有時候有事，不能跟她一起去，她也會自己去。每一次去她都會借

兩本書，一本是關於歷史、人物傳記，或者政治時事類嚴肅的書，是給她爸爸和自己看的；另外一本是輕鬆的小說，是給她媽媽借的。她很快就發現，她讀的書，是她這個年齡的女孩子一般都不感興趣的，同時她也發現，任何關於政治或者國際事務的書，總是能讓她產生高度的興趣。

看完書，她還要跟爸爸一起討論，爸爸也常帶她去聽有關時事和國際問題的演講，也鼓勵她在演講告一段落後發問。所以到了後來，瑪格麗特成了這個鎮上有名的「問題少女」，如果有一個演講的場合她沒有發問，大家會覺得活動好像還沒結束呢！

從每週借閱的書籍裡，和無數次公開演講的討論中，瑪格麗特除了學習到經濟和政治學的基本理論、自由民主的價值觀外，也認識到德國納粹的殘酷，和有關極權主義的暴行。這也使她很早就確立了反對共產極權制度的觀點。有些描寫納粹迫害猶太人的書，內容十分血淋淋，阿爾佛

瑞德覺得並不適合女兒看，就把它們藏起來，但是她總有辦法找出來偷讀，然後嚇得晚上睡不著覺。

瑪格麗特是一個功課很好的學生，喜歡歷史和化學，尤其是教化學的老師，對她的影響特別大，也讓她後來在大學決心主修化學。不過你可不要以為她只是一個書蟲，在學校她非常活躍，參加演講辯論、幫合唱團伴奏，還打過草地曲棍球，可算是一個全方位發展的學生。

到了十六歲，為了準備進入大學，她不得已停了從五歲開始上的鋼琴課，還開始自修拉丁文，因為這是進入大學必須要通過的考試，偏偏她以前從來沒有學過。經過一年的「抱佛腳」，還差一年才能從高中畢業的瑪格麗特，接到牛津大學寄來的一封電報，通知她薩默維爾學院＊因為

＊**薩默維爾學院** (Somerville College)：牛津大學三十八個學院之一，成立於1879 年，曾是純女性學生的學院，不過現在已採男女混合制。

有一個人決定放棄入學，所以她得到了一份獎學金。

　　瑪格麗特在收到這封入學電報的時候，興奮莫名，因為這意味著她可以離開從小生長的地方，到「外面的世界」去上大學了！她的心情，除了興奮以外，還有一點緊張，因為這是她十二歲的倫敦之行以後，第一次一個人離開家。雖然她並不是羅伯茲家族裡第一個上大學的人，但是卻是第一個上牛津大學的人。

　　一直以來，瑪格麗特立定志向要上牛津。雖然在家鄉附近，也有一所不錯的大學，如果去那裡上學，還可以住得離家人和朋友很近，但是她從來就沒有把家鄉的大學放在計畫之內。因為在她的心目中，牛津是最好的大學，如果她這一生要有什麼作為的話，牛津的教育就是個最好的起點。為了這個，她絕對不會降低標準，「上牛津大學」是她此生第一個奮鬥目標，現在終於如願以

償。

不過 1943 年 10 月她剛到牛津的時候，對那裡的印象並不好，因為入學的時候，天氣陰沉多霧，而且校園裡那些紀念碑式的建築，給人冷冰冰的感覺。直到後來她參加了許多學校的社團活動，認識了更多新朋友，才開始慢慢有了歸屬感。

從小城鎮進入牛津，度過了最初不適應的階段，瑪格麗特很快就在這裡找到自己扎根的信念：宗教和政治。她不像有些年輕人在進入大學以後，因為玩樂或者接觸無神論，而失去了信仰。她依舊每個星期天固定去大學裡衛理公會的教堂做禮拜，然後參加教會舉辦的學生聯誼活動，或去牧師家裡參加聚會。如果人生像是一艘漂泊的船，那麼衛理公會的信仰就是瑪格麗特這一艘船最穩固的錨。

瑪格麗特幾乎是一進入牛津，就加入了牛津大學的保守黨協會，而且很快就成了其中的核心分子，先後擔任過財務管理員和牛津大學的保守

黨黨代表。在 1946 年更被選為牛津大學保守黨協會的主席，她也是第三個擔任這個職務的女性。

大學的保守黨協會時常舉辦辯論，也請一些名人來學校演講。那裡的政治活動是培養政治人物的搖籃，瑪格麗特一點一滴在這些活動中累積了人脈，開始連結自己的政治網絡。她在這個時期讀的書、認識的人，都對她日後的政治生涯產生了一定的影響。

在牛津大學，她除了維持獨自散步沉思的習慣以外，和很多大學生一樣，瑪格麗特也第一次嘗試了喝酒、抽菸，還第一次去參加舞會。她本來可以參加更多、更有意思的活動，但因為零用錢不夠而不得不放棄。不過，千萬不要以為她只顧著把時間投注在刺激的社團和溫馨的教會活

動，而忘記了上大學的目的。她一直深信，不管國家在戰時還是平時，一個學生能為國家做出的主要貢獻，就是刻苦紮實的學習，而不是不著邊際的高談闊論。

瑪格麗特在牛津的導師，是日後由於研究盤尼西林的分子結構，在 1964 年獲得諾貝爾獎的霍奇金夫人。在她的指導下，瑪格麗特於 1947 年，以優異的成績從牛津大學畢業。

● ☆ ● ☆ ● ☆ ●

沛沛仰起臉望著媽媽：「媽，上大學一定很好玩吧？」

「妳為什麼這樣問？」

「人家不是說上大學可以『由你玩四年 *』嗎？」

「妳是可以玩啊，但是如果妳只是玩，沒有好好學習的話，到了畢業的時候沒有真本事，找

＊由你玩四年：英文「大學」(University) 一詞的中文諧音。

不到工作，那可就要吃苦頭了。」

　　媽媽似乎想起什麼，又說：「有的人把『上大學』當成學習的終點，因為從小考試、補習，過關斬將，似乎進入一所理想的大學就是學習的唯一目的，目的地到了就可以鬆口氣啦！但是相反的，也有人把『上大學』當成學習的起點，因為從此可以追求自己的興趣，不必再只為考試讀書，就看妳自己怎麼想了。」

● ☆ ● ☆ ● ☆ ●

　　你覺得沛沛會怎麼想呢？雖然對還在讀四年級的她來說，問這個問題似乎還太早。但是如果她跟很多人一樣，只把讀書和考試，當成是上學的目的，那麼一旦她離開學校，就會停止學習的腳步。如此一來，處在這個日新月異、多彩多姿的世界中，不知道將會錯過多少有趣的事情，不是太可惜了嗎？

從「羅伯茲」
到「柴契爾」

沛沛坐在書桌前面，左手支著頭，右手的筆一會兒在頭上敲，一會兒放在牙齒中間咬，書桌上攤著一本筆記，第一行寫了四個字「我的志願」。她的眼睛盯著一張黑白照，正是媽媽那天給她在電腦上看過的照片，沛沛請媽媽給她印了一張放在書桌上。這幾天，做功課的時候，她總不時打量一下這張照片裡唯一的女生。她坐在第一排正中央，最重要、也最顯眼的位置，記得媽媽告訴過她，照片裡的這個人，是大英帝國有史以來的第一個女首相，人稱柴契爾夫人，沒結婚以前叫「瑪格麗特‧羅伯茲」。

「我還真的不相信，立志當首相，就能成為首相，那麼我立志……立志當總統，就能做到總統嗎？中國還沒有出過女總統呢，以前只有一個武則天……」

忽然有一個聲音：「做功課要專心，不要東想西想。」

沛沛嚇了一跳，一轉身，看到一個「老外」坐在她的床沿，一身寶藍色的兩截式套裝，脖子上一串白色的珍珠項鍊，一頭金色的頭髮梳得一絲不苟，灰藍色的眼睛定定的看著她。

「妳是誰啊？怎麼會在我的房間裡？」沛沛驚疑不定的問。

她看著沛沛沒有說話，並沒有把眼光移開，只是微微的笑著。

忽然，沛沛張大嘴巴，有一點不敢相信。她看看自己放在書桌上的照片，又回頭看看這個人，不太確定的說：「妳是……妳真的會是……？」

眼前的這個人點點頭：「對，我是。」

「那……」這下子，沛沛不知道該怎麼反應了。

那人很果斷的伸出手，打斷了還試圖說些什麼的沛沛：「妳不要說話，聽著就好，現在我就來回答妳的問題。」

她清了清喉嚨，坐正身體，雙手交錯擺在膝蓋上，很嚴肅的說：「妳說，是不是立志當總統，就能做到總統？答案當然不是的，妳得先知道自己對做總統有沒有興趣，自己的個性適不適合？就算適合，也得看妳夠不夠努力，實力強不強，機運好不好。」

沛沛聽了連連點頭，那人笑了笑，又繼續說：「就拿我自己的例子來說，我從小就跟父親參加格蘭瑟姆鎮的各項公共活動，然後，我發現我對這個領域非常感興趣。隨後，在一次又一次的演講和辯論中，我磨練了口才，但是要能言之有物，讓別人信服，還得讀很多這方面的書來充實自己，這樣才能說服別人。」

　　沛沛很聰明，一聽就懂了：「所以妳的意思是，如果要談『立志』，得先了解自己，發現自己的興趣在哪裡，然後找機會接觸一些相關的工作，看看『以為』感興趣的事情，是不是真的有意思，然後才能談下一步。是這樣嗎？」

　　「完全正確。」

　　她問沛沛：「那麼，妳知道妳的興趣在哪裡嗎？」

　　「我……」

　　她再一次伸出手，打斷沛沛：「沒有關係，妳還小，現在還不知道是很正常的。但是一定要把這件事情放在心上，多方面的接觸、嘗試，發現自己的興趣在哪裡，知道嗎？」

　　沛沛點點頭，她現在比較不怕了：「我可不可以問妳一個問題？」

　　「可以。」

　　「妳們國家在選舉的時候，是不是也有『婦女保障名額』，所以妳參加選舉的勝算可以比其

他男生大？」沛沛記起上一次選舉的時候，他們家這個選區就有兩個女性候選人，在爭奪那一席「婦女保障名額」，其他十幾個男性候選人，要爭奪五個席次。那個時候就聽爸爸媽媽說，那兩個女生的當選機率各有一半，至於其他男生就要低得多。而且如果這兩個女生的得票數，比其他男生多，還能把他們的名額擠下來。

「什麼？『婦女保障名額』？我在從政路上的那些『紳士們』，絕大多數都視我為勁敵，都恨不得把我給一腳踢開，還談什麼『保障』？」

你去過英國嗎？就算沒去過，你也該看過電影裡那些頭戴大禮帽、西裝革履、說話文謅謅、舉止優雅的英國男士吧？這幾乎是全世界對英國男人的印象，所以大家都說「英國紳士」，沒有人說美國紳士，或者德國紳士。

　　其實在 18 世紀，「紳士」的社會地位僅次於貴族，傳統的教養教育英國男士要對女人有禮貌，給女士開門、拉椅子等等，就算在面臨生死存亡關頭的時候，也不能忽視這樣的教養。所以在鐵達尼號撞冰山即將沉沒，船上沒有足夠救生艇的時候，大家很自然就遵循「女人和孩子優先」的紳士傳統，這當然是英國紳士值得讚美和肯定的美德。

　　禮貌優雅的英國紳士實際上非常傳統和保守，尤其「政治」這一行，從來就是男人一手遮天的領域。他們深信，社會的形態應該遵循「男主外，女主內」的原則，所以女人的「正業」就是學習家政，相夫教子，乖乖待在廚房裡。如果突然有一個像我這樣的女人，一頭栽進被男性牢牢掌控的政治叢林裡，他們看我就像是誤闖虎狼禁地的小綿羊一般，起先或許譏笑我的大膽，也懷疑我的能力，等到後來，發現我並不像小綿羊那樣弱不禁風，甚至嘴巴裡的牙齒很鋒利，爪子

也像刀子一樣的時候，他們可就笑不出來了。反而想方設法要把我阻擋在門外，不要讓我搶了他們的位置，分了他們的權力。他們當年圍堵我的舉動和嘴臉，可沒有一點「紳士」的風度和模樣呢！

要知道我的奮鬥過程，先要讓你了解英國的議會組織，我儘量說得簡單一點。

人人都說英國是世界上最老牌的民主國家，國會是最高的立法機關，由三大部分組成：君主、上議院和下議院。君主就是英國的國王或者女王。上議院的議員是由英國國教中的高級神職人員和貴族中指派產生，權力有限。而下議院則是由選民在各個選區裡選舉產生，都是平民，掌握英國國會實際權力。

下議院一共有六百五十名議員，任期不超過五年。下議院裡多數黨的領袖，通常會被君主任

命為首相，負責組織內閣，內閣的成員則來自同黨的下議院議員。第二大黨的黨魁則成為反對黨的領袖。如果首相失去了下議院的支持，通過不信任動議，就要下臺，或者向君主提請解散國會，重新舉行大選。

　　1947 年我從牛津大學畢業以後，先後在兩家公司工作，在工作之餘，也一直參加地方上保守黨的活動。1949 年達特福德選區的保守黨協會，正在為找不到候選人來參選而發愁，後來有人推薦我上陣，最後得到保守黨總部的正式認可。

　　那個時候，不管是在達特福德選區還是在全國，我都造成了不小的話題。不單因為我是個少見的女性候選人，而且我很漂亮，還只有二十四歲，是 1950 年大選最年輕的候選人。我的照片也因此被《生活》雜誌登在封面上，西德的媒體還描述我是「富有魅力的小姐」。哈哈！我相信那是媒體最後一次這麼和善的稱呼我了。

　　達特福德是一個工業重鎮，更是一個純男人的世界，但是我百無禁忌，不管是站在購物中心的肥皂箱上演講，還是晚上下班以後去當地的小酒館，跟逗留在那裡的工人們喝上一杯，這對一個女性候選人來說，絕對是史無前例的事，所以我的名字就不停的出現在當地和全國性的報紙上，更別說我還言詞犀利、見解獨到呢！

　　你或許奇怪，那些「紳士」不都對我很反感嗎？又怎麼會推薦我代表保守黨出馬？其實達特福德選區之所以找不到能代表保守黨的候選人，最關鍵的是因為保守黨在達特福德選區選勝的可能性微乎其微，所以這件「好事」才會輪到我。

　　所以囉，保守黨反正根本沒有可能選上，那就不妨「大方」的推薦年輕的羅伯茲去試一試。一來或許可以少輸一點；二來也可以給保守黨做一些正面的宣傳；三來我反正選不上，所以也不會在這個男人呼風喚雨的領地裡，給他們造成任何威脅，這可是一舉數得的好買賣啊！他們這些

搞政治的，沒有一個是糊塗人，在有勝算的選區，大家都搶得頭破血流，哪裡輪得到我？

不過能在達特福德代表保守黨參選，我也不算沒有收穫。因為整個競選過程中，我打開了知名度，讓更多人認識我，同時，也讓很多保守黨裡的重要人物看到了我的能力，為日後的競選打下基礎。

雖然 1950 和 1951 年，連續兩年代表達特福德的競選，我都沒有獲勝，但是我讓工黨少了六千多票。而且我最大的收穫，就是在競選活動中認識了丹尼斯，他就是在 1951 年讓我心甘情願冠上夫姓的柴契爾先生。結婚那年我二十六歲，從此以後，人們就開始稱呼我為「柴契爾夫人」。

●　☆　●　●　☆　●　●　●

「等一下，等一下。」沛沛打斷她的話：「妳不是說那時的人都認為女人應該待在家裡嗎？那柴契爾先生怎麼會想娶一個對政治這麼狂熱的人來做太太呢？」

「只能說這是緣分了。」柴契爾夫人甜甜的笑了：「我非常慶幸能嫁給丹尼斯，雖然他整整大我十

歲，以前還結過一次婚，但是他能完全接受我的興趣。他向我求婚的時候，我就告訴他，我還有自己的抱負和追求，不是那種一輩子只待在家裡做飯、帶小孩的妻子，而他非常尊重我。」

停了一會兒，她轉過頭，問聽得入神的沛沛：「妳呢？妳總是說女孩子不比男孩子差，那麼可不可以告訴我，妳有什麼抱負和追求？」

沛沛眨眨眼睛：「『抱負』和『追求』？我才十歲哪！想這個問題會不會太早了？」

柴契爾夫人很嚴肅的說：「抱負和追求是不分性別和年齡的，不管妳的年紀多小，都可以開始培養啊！而且如果妳從來沒有關心過、嘗試過，或者思索過這個問題，那麼等到妳長大了，怎麼會突然就成為一個有抱負、有追求的人呢？」

05

兵來將擋，水來土掩

「我知道妳的年紀還小，但是有一些事情，知道得早一點比晚一點好。」柴契爾夫人對沛沛說。

「像什麼事呢？」

「像是妳以後交男朋友的事情啊！」

「哎呀，妳有沒有搞錯呀，別這麼一板一眼的好不好，記得我才十歲嗎？」沛沛笑得上氣不接下氣。

「我本來就是一個一板一眼的人。」柴契爾夫人笑笑說：「不管妳幾歲，只要記得，以後找對象結婚的時候，一定要找一個能夠欣賞，並且接受妳聰明才智的人，千萬不要找一個希望『改變』妳、『修正』妳，來符合他理想要求的人。」

* ✩ ❀ ● ✩ ● ✩ ●

丹尼斯的家族從事塗料和黏合劑生產，家境很好，結婚以後，我搬進他在達特福德的大公寓。這是我第一次當家做主，非常興奮，而且做完家事以後，還有很多時間學習法律。

我一直對法律很有興趣，在父親擔任鎮長的時候，我常常跟他一起去參加地方法庭的審判。我深深覺得，一個上軌道的政治，一定要有堅實的法治做後盾，所以我以對政治相同的熱情愛上了法律。

有了丹尼斯的支持，我可以不需要另外找新工作，不必考慮賺錢貼補家用的問題，專心的研讀法律，還參加了法律協會。為了要圓律師夢，我不得不暫時停下所有的政治活動，更何況我那時還懷孕了。

1953 年 8 月，我生下了一對雙胞胎，一男一

女，我和丹尼斯都欣喜若狂，因為我們原來都以為只有一個孩子。當然我更高興，因為兒子女兒一次就生完，我從此不必再為生孩子這件事操心了。我只在醫院住了一個禮拜就出院，回家準備參加 12 月分的律師考試，考試結果順利通過，馬上開始在律師事務所六個月的見習。

在見習了一段時間之後，我更深信，自由和極權政治體制的區別，就只在怎麼安排「法治」和「權力」的先後次序：自由的政治體制把法治放在第一位、把權力放在第二位，一切按照規定來，該怎麼樣就怎麼樣，紅包後門全不管用。而極權的政治體制則正好相反，你有多大的權位就能有多少例外，人的權力在前，法律的規定在後，所以法律行不通的時候，就去找後門。此外我也更了解自己，政治已經融入我的血液，不管在什麼樣的環境下，我一定都會再回到政治的路上。

很多人都很訝異，我才生完小孩，而且還是兩個，卻能在四個月以後就通過了律師考試，而

且馬上就開始工作，我的一天難道不只有二十四個小時嗎？我從政初期，尤其是結婚、做了母親之後，一直被黨內對手拿來攻訐的就是「工作和家庭怎麼兼顧」的問題。讓我覺得奇怪而且不平的是，為什麼就沒有人問一個男的從政者，他是怎麼兼顧事業和家庭的？好像家庭完全是女性的責任，難道男的就可以棄家庭於不顧嗎？

　　1954年奧爾平頓選區的候選人有了空缺，這個地方就在我前兩次參選的達特福德隔壁，而且離我住的倫敦也不遠，我一聽說這個消息，就馬上給保守黨中央黨部打了電話，要求他們把我的名字報上去列入考慮。但是後來，我還是輸在身為一個已婚婦女，卻希望家庭和事業兼顧這件事上，沒有人相信我可以做到這一點。不管我發表的政策有多麼精彩，不管我的對手發言是多麼言之無物，但是在相互提問的階段，總有人問我怎麼才能在「議員」這個工作，和「母親」這個天職之間

保持平衡。也不管怎麼解釋，我有一個多麼支持我的先生，還有一個多麼稱職的保姆，沒有人相信我能兼顧家庭和事業。那些男性候選人都有意無意的傳達一個訊息：「柴契爾夫人的確很能幹，但是她的能幹如果能發揮在家庭裡，那該多好啊！」偏偏就有那麼多人相信他們的說辭，在最後一刻放棄我。

1957 和 1958 年，我還先後爭取成為貝肯漢姆、赫默爾亨普斯特德，和梅德斯頓選區的候選人。每一次都被列入最後的考慮名單，每一次也都發表大家認為很不錯的演講，但是最後都在提問的時候敗下陣來，而且很奇怪的是，每次提出最尖銳問題的，總是婦女同胞。

這一連串的失敗，讓我非常傷心和失望。因為我被拒絕，不是我的能力不足，或哪一個方面不夠好，而是由於我是一個女性，性別是我沒有辦法改變的事實啊！

1958 年我得知倫敦北部芬奇利選區的議員

退休了，這裡是保守黨有把握勝選的選區，所以我報了名，成為一百五十多個候選人中的一員，等待7月分參加面試。芬奇利選區是在倫敦選區中，我不太了解的一個，所以我暗暗下了決心，要做到比其他的候選人都了解芬奇利。最後，我成為進入決選的四位角逐者之一。

記得那天，我的心情很好，還聽從大家建議，穿上能顯得能幹卻不精明的黑色外衣，戴上我的幸運珍珠項鍊，和達特福德選區保守黨的朋友們送給我的幸運別針。

說起我喜歡戴這串珍珠項鍊的事情，很多人都以為是丹尼斯送給我的緣故。其實第一次參選的時候，朋友鼓動我去算命，我覺得好玩就去了。那個算命師不用水晶球，而是要我給他一件我佩戴的首飾，讓他從其中感受靈氣，我就解下頸子上的這串珍珠項鍊遞給他。他拿著項鍊過了一會兒對我說，我會成為比邱吉爾還有名的大人物。哈哈！那個時候，我只不過把這個當笑話聽，但

是，我當然寧願相信他說的日後都會實現，所以從那以後，我就常常戴著這串珍珠項鍊。

當天演講結束以後，照例接受觀眾的提問，也照例有人拿我是不是能夠兼顧家庭和事業的問題來刁難我。我的弱點是，那天丹尼斯剛好有事，不能陪伴我，這讓那些有心刁難我的人更容易相信我不是個稱職的妻子。但是我豁出去了，才不管別人想什麼呢！我按照計畫，把我在經濟和外交方面的主張，儘量表達得清楚易懂，希望能引起選民的共鳴。皇天不負苦心人，在兩輪投票中，我都是得票最多的，所以保守黨的執行委員會最後不得不同意由我做為芬奇利選區的候選人。

但是在正式裁定我為芬奇利選區候選人的保守黨大會上，還是有一位婦女和她帶領的一小夥人，堅決反對由我當

候選人。他們向大會要求重新選拔候選人，雖然我在大廳受到人們熱烈的歡迎，並且回答了他們提出的三個問題，但還是有幾個死硬派拒絕選我為候選人，所以我最後是以「壓倒性的多數」，而不是「一致同意」成為候選人的。

● ☆ ● ☆ ● ☆ ●

「這有什麼關係？多一票也是贏，就算輸一票還是輸啊！」沛沛說。

「對，我才不在乎這些名詞上的玄機，我在乎的是，要有和人一搏的公平機會，得以進入下議院，展開我在政治上的抱負和追求。」

沛沛很好奇：「妳是什麼時候確定自己想要做議員的？」

「我也不知道，我只記得，我在大學畢業的時候，去一個朋友家參加聚會。結束以後大家到我住的地方去喝咖啡，然後我又自然的談起政治。可能是我說話的方式，或者是我談的內容吧，

引得其中一個男同學跟我說:『瑪格麗特,妳雖然學的是化學,但是妳真正想做的是成為一個議員,對嗎?』我幾乎想也沒有想的就回答:『沒錯,這正是我要做的。』其實在那之前,我還真的沒有想過,但是說出來之後,又覺得這好像是理所當然的。」

「我想這很像我這個星期學的成語,是一種『水到渠成』的感覺吧!」

「沒錯。」 柴契爾夫人說:「1959年的10月,我以多出第二名一萬六千多張選票的成績,贏得在芬奇利第一次的勝利,終於成功的踏出這最艱難的一步。」

「妳一定高興壞了吧?」

「其實,不是我最高興,而是我的孩子們非常興奮。」

「為什麼?」

「自從我第一次在達特福德參選,不經意的跟我的雙胞胎說過,要是我當上了議員,他們就

可以到下議院的陽臺上去喝茶了。從那以後，他們總是在我參選失利的時候對我說：『媽媽，我們大概還要等很久才有機會去下議院的陽臺喝茶吧？』甚至我自己也有這種遙遙無期的感覺，所以在正式贏得大選的那一刻，我們全家人從彼此的眼睛裡，看到同樣不可置信的欣喜。是啊，還有幾個星期，我就可以坐上下議院裡的綠色皮椅，帶孩子們去喝下午茶了呢！」

06

大步入閣

1959 年我三十三歲，是最年輕的議員，如果你問我第一次到下議院的時候，最深的印象是什麼？我的答案或許會出乎你的意料之外，不是下午茶好不好喝，也不是開會的議堂裡，給議員坐的那一排排壯觀的綠色皮椅，而是女廁所。

通常不管在哪一個公共場所，女廁所常常大排長龍，而男廁所卻門可羅雀。但是當年英國下議院六百多個議員中，連我在內卻只有二十五個女議員，所以那是我第一次覺得女廁所空盪盪的。

在我嘗試爭取機會參與競選的時候，身為女性，給了我很多困擾，但是一旦正式成為下議院的一員之後，這個女性的身分，反而成為我的利

器。因為在政府部門裡如果有一位女性部長，這對執政黨來說，是大大的加分。

當時的首相是保守黨的哈羅德‧麥克米倫。他當然也了解我是他手中能用的一張牌，我在1961年被任命擔任養老金和國民保險部門的政務次長。這是我在內閣中的第一個職務，正式步入政府決策的核心，從現在開始，我就有機會實現我多年來的政治抱負和追求。

我在議會的工作非常忙碌，尤其主管養老金及國民保險部門以後，每天都有做不完的工作。白天要處理個案和接見不同國家負責類似部門工作的人，從他們那裡學習處理社會福利的不同做法。如果有分組表決，我還得在晚上十點趕到議會投票，然後帶著兩三個裝滿信件草稿和政策文件的文件盒開車回家。那麼晚了，當然沒有辦法跟孩子道晚安、說床邊故事，然後送他們上床，但是我每天早上叫他們起床，給孩

子還有丹尼斯準備早飯，這可是一天都沒有間斷的哦！送孩子上學校以後，我再去議會，而且週末我不安排任何公事，一定和孩子一起活動，所以我覺得自己確實有做到「家庭和事業兼顧」。

但是整個保守黨並沒有我的好運氣。先是哈羅德‧麥克米倫病重，在病榻上辭去首相的職位，然後在 1964 年的大選中，保守黨以四票之差輸掉了大選。失去了十三年的執政權，這意味著我也不用再到養老金和國民保險部門上班了，但我在很多人不看好的情況下，成功在芬奇利連任。

1965 年保守黨黨魁選舉的時候，我把票投給愛德華‧希思，後來他當選了。但是在 1966 年工黨宣布提前舉行的大選中，保守黨再一次失利，希思沒當成首相，成了在野的反對黨領袖。

他延攬我進入「影子內閣*」，擔任財政大臣領導下的財政部稅務發言人。這個職務雖然不是真正影子內閣的閣員，但更能發揮我的作用，因為我做過稅法方面的律師。這份工作對我來說，真是輕車熟路、小菜一碟，而且我天生有理解複雜運算的能力，能夠在看起來很複雜的一堆事情中輕易找出重點。

做為在野黨的稅務發言人，我在下議院發表了我第一次重要的演講，完全向執政的工黨展現我是一個強而有力的辯論手。我重炮批評了工黨提出的新稅制，認為新稅制不只是偏向社會主義*，而且更是通往共產主義*之路，被報紙評論是「政府的財政部大臣們，被一位女性狠狠打了幾個耳光，倒在泥地裡，再被她踩上一腳」。又過了一年，希思終於正式延攬我進入影子內閣。

其實那個時候希思並不希望找我入閣，倒不是因為我不能幹，或者大家對我的評價不高，而是他有他的「心病」。他曾經對推薦我的人說：

「如果我們把柴契爾找進來，就再也沒有辦法把她踢出去了。」有的時候你的能力太強，對別人也會造成一種威脅，何況我還是個女的。

　　但是也因為我是一個女的，政黨都需要有一個女性代表，好向選民解釋，碰到一些問題的時候，女性會有什麼樣的想法和要求，可以說是變相的「婦女保障名額」。由此不難明白，世界上沒有什麼事情是只有好處、沒有壞處的，而且究竟是好事還是壞事，也會隨著時間的推移而改變。就看你是不是有能力、有勇氣面對逆境，熬過逆境，迎來順境。

＊**影子內閣** (Shadow Cabinet)：此制度由英國首創。是指一些內閣制國家在野黨，為了日後上臺執政而設立的預備內閣。通常是由最大的反對黨領袖，物色自己同黨議員中有影響力的議員，完全按照正式內閣的形式組成。意思就是，內閣中有財政大臣，那麼影子內閣中也有一個「影子」財政大臣，負責檢視執政黨的財政大臣提出來的財政政策，專門挑毛病、跟真的財政大臣辯論，然後提出在野黨的方案，讓老百姓比較看看哪一黨的政策更有利人民，好作為下一次大選投票時的參考。

＊**社會主義**：一套經濟體系和政治理論。主張整個社會是擁有和控制生產資源的本體，它的管理和分配必須基於整個社會公眾的利益。

＊**共產主義**：一種政治思想，主張消滅私有財產，建立一個各盡所能、按需分配，進行集體生產，沒有階級制度、國家和政府的社會。

　　在很多人的眼裡，我並不是事事都服從黨意的乖乖牌，我沒有辦法屈從自己的認知，只做一個跟著黨意屁股後頭走的投票機。我曾經因為贊成恢復當眾鞭撻的刑罰而被人非議，除此之外，我還支持同性戀、贊成墮胎、反對廢止死刑、簡化離婚手續等等。基於曾經做過一個律師的經驗，和一個遵守法律制度、深受基督教義影響的政治家，我總覺得在制定政策和立法，首先應該考慮的是可行性和公正性，就好像我覺得已經成年的大人，他們個別的同性戀行為是他們自己的事情，不應該被視為犯罪。

　　1970 年大選之前，我被改任為影子教育大臣。我對這個新職務非常興奮，當然有一個原因是由於我自己接受了很好的教育，深知教育的重要性，也相信全國的婦女和母親也會跟我一樣關心教育領域的問題。

　　當時的民意調查先是顯示保守黨會贏得大選，我們自己也信心滿滿，但是到了 5 月分，民

調卻顯示我們落後了工黨好幾個百分點，這下子工黨的黨魁，也就是當時的首相發現有機可乘，馬上決定 6 月 10 日舉行大選。我們心想：「這下子完蛋了，準備不及，八成又要輸了。」

大選開始後，我們奮力一搏，一再的提醒選民工黨政策的缺失，導致工業無法持續成長、失業人口不斷增加、英鎊一路貶值等。加上領導保守黨的希思那種「使英國重新回到光榮大道的熱情」，終於打動了捉摸不定的選民，保守黨終於再一次取得政權。

勝選後，我猜新的首相希思至少會安排一個女性進入內閣，而他早先已經把我安排進入影子內閣，所以按照邏輯，我應該很可能成為那個幸運的女士。一個星期六的早晨，我接到唐寧街十號*祕書的電話，說新任首相要見我。果然如我所料，他想讓我擔任教育大臣，我便欣然答應了。

***唐寧街十號** (10 Downing Street)：位於英國首都倫敦西敏市西敏區白廳旁。現今已成為英國首相的象徵。

07

新的鋼琴手

「跟以前當發言人不同，妳這一次真的做『官』了，是什麼感覺？」沛沛問柴契爾夫人。

「很難形容，人天生會對擁有權力的人敬畏三分。記得第一次到教育大臣的辦公室去，那些在門口迎接我的高級官員們對我畢恭畢敬，那陣仗很容易就讓人飄飄然，但是我知道我在教育部會有非常嚴峻的挑戰。」

「我相信妳這麼有能力，一定做得很好，大家一定都對妳很稱讚、很愛戴吧？」

「這回妳可猜錯了，我想我八成是英國歷史上很不受歡迎的教育部長，連『之一』都可以省略。」

看著沛沛吃驚的睜大了眼睛，柴契爾夫人露

出了笑容。

●　☆　●　☆　●　☆　●

　　初入內閣的時候，我並沒有像你想像的備受愛戴，得到眾人的交相稱讚。相反的，我幾乎馬上踢到鐵板，背上許多罵名。

　　要知道，不同的地方有不同的工作文化，不同的人也有相異的工作習慣。我做事要求能有立竿見影的成效，所以很看不慣教育部那些習慣凡事「慢慢商量然後看著辦」的人。

　　因為前面的工黨，還是用社會主義的那一套，用國家的錢當散財童子，因此財政根本沒有辦法支付各種福利政策的開銷。我上任以後的第一個月，為了削減開支，決定取消提供八歲到十一歲學童免費牛奶的政策，這樣每年可以為政府

省下八百萬英鎊。畢竟「教育部」最應該關注的是教育政策，而不是學生營養，且對大部分的家庭來說，一瓶牛奶是可以負擔得起的小錢，取消並不會給個別家庭增加太多的負擔。但政府就可以縮減這一部分的開支，把不多的經費用到更迫切需要的地方，像是興建校舍。但是從「有」免費牛奶喝到「沒有」，不管是學童還是家長，對這個決定都不會滿意，於是他們給我取了一個「牛奶大盜」的外號。

後來為了提倡文法學校＊，抑制綜合學校＊的事情，更是引起很多人不安。還有對大學學生會＊

＊**文法學校**：主要提供大學預備課程，按資質能力選拔學生。

＊**綜合學校**：提供職業訓練，不論學生資質能力的差別，均可入學。在工黨時代特別大力提倡綜合學校，但是資質高的學生在學校裡沒有足夠的挑戰，柴契爾夫人認為這是一種向下看齊的制度，會讓英國的教育水準下滑，急需改革。

＊**學生會**：當時不管在歐洲還是美國，學生革命正值高潮，英國的大學都有學生會，所有的學生都是當然會員。地方教育當局直接撥給學生會經費，但是由於激進的左派已經取得許多控制權，學生會常常不顧章程和會員的意願，把經費用在帶有派別性或破壞性的事務上。

開刀的改革舉動，都被拿來用政治的眼光解讀。總而言之一句話，1971年，不管對保守黨還是我個人，都是非常艱難的一年，很多人都不看好我的未來，覺得我的政治生涯即將告終。有的報紙稱我是「沒有人喜歡的夫人」，還有報紙大張旗鼓的討論「為什麼柴契爾夫人這麼不受歡迎？」11月英國的《太陽報》竟然還把我選為「全英國最不受歡迎的女人」，我相信我絕對是英國有史以來，第一個「榮膺」全國老師最討厭的教育部長。

　　其實，如果我只是想要官運亨通的話，有很多短時間顯不出效益的事情，我大可不去碰。只做一些能討好選民和媒體的表面工作，不但可以為自己贏得好名聲，而且能讓政治前途一帆風順，但那是標準「政客」會做的事情，而我期許自己要做一個「政治家」。更何況教育是國家的百年大計，今天不做或者做錯，將來整個國家要付出很沉重的代價，絕對不容我打馬虎

眼，而且從小父親給我的教育就是：在關鍵的事情上絕對不可以妥協。

對我來說「政客」和「政治家」最簡單的區別就在於，政客是為了自己的官位前途，可以犧牲百姓利益和國家前途；政治家可以為了心中富國利民的信念，而對官位不屑一顧。一個是心中只有自己的利益，另一個心裡裝的是百姓和國家的利益。

但是很多從政的人為自己的「沒有作為」所找的理由是，「如果沒有了官位，怎麼還會有機會為百姓和國家謀福利呢？」所以在自己的信念和利益衝突的時候，選擇繼續保留官位，時間久了以後，慢慢就麻木了，也忘記了初衷。

不過，我雖然一開始就幾乎被媒體和百姓不滿的口水淹沒，但是只要我的堅持是對的，就會水到渠成看到成果，讓大家對我改觀。

通常如果有一個像我這樣，讓內閣不時成為大眾箭靶的閣員，是很容易受到首相責難的，但由於我執行的是保守黨主張的教育政策，而且我雖然承受了巨大的壓力，卻沒有把責任推給別人，因此希思始終很支持我。到了第二年，在全國教師聯合會的會議上，我發表了一場演講，提出繼續學校建設計畫的預算、擴大幼兒教育、成立委員會調查學校閱讀課的教學，和英語使用的情況。這些建議，對不同黨派的人都有吸引力。記得演講結束的時候，與會大眾還向我歡呼呢！

情形終於開始慢慢好轉，那些曾經打擊我的媒體，一改以前的語調，開始形容我是「正在變得成熟老練的瑪格麗特」。隨後發表的政治白皮書，其中的教育方針，更是受到朝野熱烈的歡迎。英國《每日郵報》對此說我是「英國教育大臣中最傑出的改革者」，當然我也是他們口中「很能花錢的人之一」。

　　我雖然身在內閣，但並不是首相的核心班底，希思從在影子內閣開始，就喜歡一人獨大。在 1972 到 1973 年之間，政府有好幾個政策都在他的主導下出現了「U 型大逆轉*」的搖擺情況，有些甚至沒有經過內閣會議的討論，他就一錘定音了。這樣突然改變立場，不但讓選民對我們的「承諾」信心盡失，而且也進一步分裂了保守黨。

　　後來不受歡迎的工資政策，更導致 1974 年全國煤礦工人大罷工。為了節省燃料，被迫一個星期只上三天班，你能想像英國人民得在燭光下工作的情形嗎？同時，以色列和阿拉伯戰爭，導致石油禁運，造成石油價格飛漲，再加上地方稅和住房政策，讓英國在大環境不利和層出不窮的錯誤政策中，無可避免的陷入經濟危機。老百姓對沒有作為的政府，和搖擺不定政策所累積的不滿，使我們在 1974 年的選舉中敗下陣來。

*U 型大逆轉 (U Turn)：原本向前行駛的車輛，方向轉了 180° 彎，其改變的軌跡和英文字母 U 一樣，以此比喻政策做了極大轉變。

那一次的選舉，雖然我們的得票總數比工黨多，但是所贏得的議員席次卻沒有工黨多，兩黨的差距很小，誰都沒有得到過半的席位，因此第三大黨自由黨的地位就顯得重要起來。希思還不想放棄他的首相之位，覺得我們的總票數仍占多數，因此他可以拉攏自由黨，並聯合下議院中的各個黨，按比例來組成聯合政府。但是最後這個提案沒有得到女王的首肯，不但自由黨不願意跟他合作，選民也對他這個常常在關鍵時刻來個Ｕ型大逆轉的作風不感興趣，保守黨最終只能灰頭土臉的鞠躬下臺。這一次挫敗給我最深的感觸是，我們保守黨內部的變革是刻不容緩了。

希思在敗選之後，本來應該接受黨內的批評、承認錯誤、做出讓步，但是他並沒有這麼做，如此一來，就讓更多人反感。再加上他並沒有從中吸取教訓的雅量，我們選後在黨

內檢討敗選原因時，只要稍微檢討他的政策失誤，他就堅決反對。這個人太固執己見了，於是他身邊一些真正有才幹的謀士，都不願意再跟隨他的腳步走下去。

當時社會上瀰漫著一股「保守黨的承諾不作數」、「保守黨已經拿不出新政策」的氛圍，這對我們非常不利。而我們保守黨人覺得如果一首曲子已經變了調，換鋼琴並不能解決問題，比較有效的方法，是換一個新的人來彈鋼琴，於是黨內慢慢凝聚了要「換一個鋼琴手」的共識。那麼，該換誰來繼續彈下去呢？

那個時候有一種說法開始廣為流傳，說我有可能成為保守黨下一個領導人，但是我覺得這種可能性非常小，因為現實是，一個女人要想在任何國家擔任政黨的最高職位，都是極其困難的，更何況是在固執而且保守的英國。況且我那個時候只有在內閣當過一任教育大臣的經驗，資歷上還遠遠不夠。

　　我個人心目中的理想人選是基斯‧約瑟夫。但是他在一次演講中提到，英國人口的增加，最主要是由於社會上低收入的女孩子，在青春期輕率懷孕生子導致的結果，這還顯示了英國社會道德風氣的敗壞；而他提出的解決之道，是「廣泛使用避孕手段」。

　　其實基斯並沒有把那一次的演講看得多麼重要，所以事前也沒有好好徵求幕僚和朋友的意見。但是他忘記了，作為一個有影響力的政治人物，話說出來，就像是一塊大石頭丟進一個水波不興的池塘，不管他事後怎麼澄清和解釋都沒有用，大家譴責他是一個瘋狂的「優生學論者」。媒體和不滿的群眾包圍他的住宅，後來連他太太也受不了了，於是他只能退出保守黨黨魁的競選。

　　在那個時候，基斯可以說是希思最具威脅性的競爭

者，現在選戰還沒有正式開打，他居然就敗下陣來，真讓希思陣營暗暗高興。但是保守黨內的改革派卻不樂意了，難道我們就這麼放棄，讓保守黨再走希思那種一人獨斷、卻不知反省的災難性路線？我還記得基斯到我辦公室來告訴我他退選的決定時，我的腦子一片空白，衝口而出：「無論如何，我們都必須找一個能代表我們觀點的人出來競選，如果你不打算競選，那我就去選。」

這樣說的時候，我根本不清楚自己有多少勝算，也對如何競選黨魁一無所知，但是消息還是傳出去了，開始有我的議員朋友來鼓勵我，並表示支持。那天我回家告訴丹尼斯我的決定時，他不可置信的看著我：「天哪，妳瘋了吧？」而且斷言：「妳是沒有一丁點希望獲勝的。」老實說，我相信他的判斷，不過也知道，不管我的決定是什麼，丹尼斯還是會支持我的。

我的想法其實很簡單，希思必須下臺。我的勝算很小，但是我的參選可以引出更有實力的候

選人。我一旦選輸了，政治上可能就完了，不過還可以忍受，反正議會裡面還有很後面的位子可以給我坐。

當我到希思在下議院的辦公室，去告訴他我決定挑戰他在保守黨中的領導地位時，他冷淡的看著我，然後轉過身，背對著我，聳聳肩：「那就請便吧！」我相信他是完全沒有把我放在眼裡的，一點都不掩飾他對我的輕視。

希思的支持者很希望先前基斯發言失誤的事情，也可以發生在我身上，所以他們故意曲解我在公開場合講話的內容，甚至還無中生有杜撰一些事情來汙衊我，說我在國家食糖短缺的時候，到商店購買了數量龐大的糖囤積。他們在提到我的時候，用「那個出身雜貨店的女人」來表達他們對我的的輕賤，還不斷的提醒公眾，這個瑪格麗特就是當年那個「跟孩子們搶牛奶」的「牛奶大盜」。這些做法固然迎合了一些人的口味，但是這樣不入流的嘲笑和挖苦，也激起了黨內心存公

正的議員們對我的同情。

我一再重申，要回歸保守黨的根本宗旨，維護中產階級的價值觀，找回我們的大方向，打動了很多近年來對保守黨感到失望的人。1975年2月4日黨魁選舉第一輪投票的結果，我贏了希思十一票，但是離過半數還差三十一票，按規定必須進行第二輪投票。這個時候希思宣布退選，並辭去黨魁的職務，但是他推出他的接班人威廉·懷特勞參加第二輪選舉。在第二輪投票中，我獲得了一百四十六票的過半數，威廉只得了七十九票。

從開票結束的那一刻起，我，一個來自格蘭瑟姆小鎮雜貨店的女兒，沒有顯赫的出身，憑著自己的勤勞和努力，在一向被男性主導的政治圈中，打破性別的藩籬，取得主導地位，最終當上英國最大反對黨的黨魁。

全世界的人都知道這意味著什麼，這意味著：只要保守黨在下一次的大選中勝出，英國這

個最老牌的民主國家，就要出現有史以來第一位女首相了！

　　一路走來，我最遺憾的是，從小用心栽培我的父親，沒有看到他辛勤付出的成果，他甚至沒有看到我 1970 年正式成為政府內閣大臣。他在那一年 2 月間就過世了。我想他從來沒有想過女兒會成為內閣大臣，更沒有想到後來居然還當上了首相。

08
給大英帝國開藥方

成為第一個女黨魁，還可能是第一個女首相，我自己都覺得像是在做夢一樣。

還記得我當選保守黨黨魁以後，第一次走進議會時，整個議會大廳充斥著這些大男人的喧嘩聲。有人看到我就開始鼓譟：「來，親我們一個，瑪姬*。」工黨首相則尖刻的向我表示祝賀。這些有計畫、有組織對我的羞辱，甚至謾罵，其實就是希望能打倒我的自信和從容。哼！我才不會讓他們稱心如意呢！

更難忘記的，是我第一次以黨魁身分主持的影子內閣會議。

*瑪姬 (Maggie)：瑪格麗特 (Margaret) 的暱稱，在這裡顯示輕佻、不尊重。

　　其實當時的保守黨黨員只想要有一個人出來挑戰希思，給他提個醒，改一改他一人獨裁的做事方式，從而變得更「乖」一點，並沒有真的想要把他趕下臺，更談不上支持一個女人來當他們的領袖，沒想到還真的被我選上了。當我走進會場，舉目所及，在座的那些保守黨高層，不是像威廉那樣才剛跟我在黨魁選舉上競爭，就是在黨魁的選舉中投票支持我的對手，要不就是希思的核心幕僚，我這個年輕稚嫩的「黨魁」在他們中間，反倒像是一個外來者。

　　我早已習慣從政路上充滿荊棘，為了維持黨內的平衡，我邀請了很多希思派系的人加入影子內閣，畢竟我當時的地位還不夠穩固，所以適當的妥協是絕對必要的。

　　一旦成了公眾人物，我也得和所有的政治人物一樣，針對媒體的特性好好塑造形象。有一個從百代唱片公司來這裡工作的專家戈登，基於他多年做電視節目的經驗，建議我改變髮型和服

裝，以便給人留下更好的印象，還有講話的聲音。以往為了要在吵雜的議院讓大家聽到我在說什麼，不得不加大音量，聲音一大調門自然提高，聽起來就變得很刺耳，所以得儘量把聲音放低，可是這樣一來又容易患上喉炎，對我這樣一個需要經常發表公開演說的人來講，聲音和喉嚨不好就成了非常嚴重的問題，所以還找了個專家來訓練我正確發音的技巧。後來還請了一位寫廣播稿的劇作家，專門幫忙潤飾演講稿，把我口氣太嚴肅、用詞太專業的稿子，加上一些適當的例子和笑話，錦上添花一番，變得更白話易懂。

　　1976 年初，我在一個社區的演說裡指責前蘇聯，說他們想要支配世界，用錢買軍火，極力把自己武裝成世上前所未有的超級帝國，卻完全不理會百姓的生計，不顧民怨。結果這一番話被蘇聯國防部的官方報紙《紅星報》報導，寫稿的記

者還給了我一個「鐵娘子」的封號，指的是我腦子裡對共產主義的負面觀感，和對共產國家的敵意，不可能改變。這個外號後來隨著「塔斯社＊」傳到了世界各地，結果，從那以後大家都這麼稱呼我了。

真心實意的說，我自己倒是很喜歡這個外號，比起「牛奶大盜」或者「全英國最不受歡迎的女人」，這個「鐵娘子」的封號正反映出我堅決、不受動搖的性格，很貼切的描繪出我的個性，大概是我所有外號中最為人知的一個。

我接手的保守黨正面臨很多問題：要協調影子內閣中分歧的意見、要凝聚黨員的向心力、要研究並推出能吸引大眾的各項政策，還要監督政府的執政。而執政的工黨，日子也很不好過，經濟日益衰退，失業率高漲，再加上工會抗爭不斷，這些都讓工黨的支持率直線下降。

＊塔斯社：蘇聯官方通訊社，曾是世界五大新聞通訊社之一。

　　1978 年末到 1979 年初，勞資糾紛進一步惡化，歷史上稱這一年的冬天是「不滿之冬」。1979年的春天，工黨政府因為不信任動議，以史無前例的一票之差通過而垮臺，於是不得不立即舉行大選。可是選民會因為對工黨不滿，就投票給一個由女人領導的政黨嗎？

　　一直以來，我希望大家正視並接受的是我這個人，評價我能做出什麼事，而不是只在男女的性別上糾葛。如果有人能重振英國的雄風，這個人是男的還是女的，真有那麼重要嗎？結果，老百姓回應了我的呼喚，保守黨在下議院取得比對手多出四十三個席次。於是英國迎來了歷史上第一位女首相，不單是英國，我還是全歐洲的第一位女首相呢！

● ☆ ● ☆ ● ☆ ●

　　沛沛忽然覺得自己置身在吵雜擁擠的人群裡，眼前是一棟很樸實的深色磚房。黑色的木門上，有一個白色的阿拉伯數字「10」，非常醒目，

外圍還有一圈黑色的鐵欄杆。有許多穿了黑色制服的警察站在周圍，好像都是她沒有見過的外國人，她不記得來過這裡。有很多應該是記者的人圍在房子前面，鎂光燈一直在閃，遠處開來一輛車子，人群開始騷動，有一個穿了一身藍色套裝的女人下了車，記者蜂擁而上。

她聽到一個應該是記者的人說：「各位親愛的觀眾，全世界的人都會記住 1979 年 5 月 4 日，這個特別的日子，唐寧街十號迎來了有史以來的第一位女主人，她就是英國第一位女首相，五十三歲的瑪格麗特・柴契爾夫人。」

無數的麥克風伸到柴契爾夫人的面前，請她發表感言。只聽見柴契爾夫人用低沉的聲音緩緩的說：「在這個日子，我只想引述聖方濟＊的一段話，那就是『把和諧帶到不和諧的地方，把真理

＊**方濟** (Francesco d'Assisi)：生於 1181 年前後，是天主教教會運動及自然環境的守護聖人。加上「聖」是天主教的尊崇。

帶到有錯誤的地方，把信心帶到有疑惑的地方，哪裡有絕望，則讓我們帶來希望。』謝謝大家，讓我們一起努力。」

● ☆ ● ☆ ● ☆ ●

工黨政府沒有給我留下一個承平的局勢，因為如果國家運轉順利，百姓安居樂業，就不會要「換人做做看」了。

六、七十年代，英國早已經不是當年的「日不落」大帝國了，不僅沒有了過去的輝煌，而且根本就是一個失敗的國家，幾乎已經到了無法統治的地步。每一天在報上都可以看到「罷工」這兩個字，公共服務正在崩潰，整個國家一團亂，根本就像是一個病入膏肓的重症病患。

我不能夠忍受看著英國「日落西山」，早就有要挽救國家於頹勢的抱負。因此在入閣、成為一黨的領袖之前，就已經開始思考，有沒有一種新的經濟方案，可以解決英國的問題。

那時工黨不斷提高社會福利，認為國家的責

任，就是要把老百姓照顧得無微不至。這使國家財政赤字的缺口越來越大，通貨膨脹＊幾乎高到20%，還養著一堆不賺錢，但是待遇好得不得了的國營企業。而且工會的力量凌駕一切，如果資方不能滿足他們的要求，馬上就以罷工要脅，什麼經濟成長、失業人口根本不在他們的考慮之內，這就是不折不扣的「英國病」，一種已經習慣國家為老百姓買單的社會福利病。

我反省自己生長的經驗，認為國家經濟和家庭經濟，在理論上其實是沒什麼差別的，二者都得「量入為出」，看有多少收入，然後才能夠決定要在什麼地方用多少錢，就像是主婦的菜籃子，不能夠無限制的採買。

所以我主張用減稅和縮小政府規模的方法，來鼓勵私人企業的發展；我覺得私人企業就像是

＊**通貨膨脹**：在經濟學上，指的是整體物價水平持續上升，當通貨膨脹發生的時候，表現出來的是貨幣貶值，或者購買力下降。

一個人的細胞，如果全身細胞健全，就會是一個健康的人。所以我上臺以後，透過提高利率、減少貨幣供應和減少公共支出，來對抗通貨膨脹。

當時經濟不景氣，英國大部分的製造業基礎崩潰，社會上有高達三百萬的失業人口，都市裡的貧困地區動盪不安。我的經濟政策目的是救助私人企業，但是對那些以前受政府救濟的窮人沒有實質幫助。我深信，每個人都有義務和責任為自己爭取到最好的生活，如果人人都能如此，整個社會當然就會好。國家過多的照顧和福利，使人民寧可領救濟金，而不願意接受薪水不高的工作，如此一來只會養出一批好逸惡勞的國民，這樣的人多了便會拖垮國家的財政。所以我當然要縮減這方面的政府支出，不過這也為我招致了「富人經濟」的罵名，但是只要對英國有益，我擔一個罵名，又有什麼關係？

其實，那時是實施政府緊縮政策最不利的時機，我大可以得過且過，以拖待變，等到經濟有

了起色，再來大刀闊斧的改革，但是那不是我的做事原則。只要是對的事情，不管有多少人當面或背後罵我，我都無所謂。最糟的時候，有三百六十四位經濟學家聯名發表公開信，要求我改變經濟政策，但我依然不為所動。

黨外的人不支持我的改革，黨內也有雜音，到了這個時候，我只能把步調不能跟我一致的閣員換掉，團結跟我有共識的人。不少人想到以前希思內閣的政策搖擺不定，還期待我也會在看到情勢不對的時候，來個 U 型大逆轉，但我在擔任首相以後的第一次保守黨大會中，說出了任內最有名的一句話：「如果你要 U 型大逆轉，你大可以請便，但是我這個女士是絕不會轉彎的。」很清楚的讓大家知道，我可不是希思。到了 1982

年初，也就是我上臺一年多以後，英國的失業率已經從 18% 降到了 8.6%。

同時我對囂張的工會開刀，絕不手軟。我記取了前任內閣處理罷工問題的缺失，為了避免讓工會脅迫政府，在向煤礦工會開刀前，我先大大提高煤礦的儲存量，讓隨後的罷工，沒有辦法影響以燃煤為主的發電廠供電。我一點都不懷念在燭光下工作的經驗，而且那一次工會的罷工，並沒有事先在礦工內部舉行投票，是不合法的罷工，所以沒有得到輿論的支持。再加上警察取締的手段強硬，前後耗了一年多，最後迫使工會無條件投降，後來國會通過法律，成功削減了工會的力量，使工會失去左右政府的能力。

總而言之，我要揚棄福利制度所帶來「不勞而獲」的思想，大大提倡傳統中產階級「工作致富」的道德，並且減少政府對經濟活動的干預，讓市場來調節，把大多數不賺錢的國營企業轉為私營，使勞動市場更有彈性。這些一連串的措施，

雖然都不可避免的讓我被人唾罵、批評，但是我一直謹記父親自小對我的教導：「絕對不要因為別人有不同的意見，或得不到別人的支持，而改變自己的信念。」絕對不U型大逆轉，終於使英國的經濟恢復活力，擺脫「英國病」的困擾，走出了長期停滯谷底的經濟。

從我執政的 1981 年以後，英國每年的實際經濟成長率達到 3% 以上，成功的讓英國經濟轉型，成為當時僅次於日本的西方國家。

● ✩ ● ✩ ● ✩ ●

「我覺得妳其實就是個醫生呢！」沛沛說：「妳的藥方，儘管下得很猛，但總算讓英國病有了起色。到了這個時候，妳的病人應該知道妳是對的，開始感激妳了吧？」

「難說。」柴契爾夫人說：「從大局來看，我確實把英國從衰退的谷底拉了起來，但是也有很多人被我剝奪了原來的利益，像是工會的人，和以前那些躺著領政府救濟金的人。這些人的數量

很大，所以妳也可以說，我得到了一半英國人的
敬佩，和另外一半英國人的憎恨。」

沛沛露出難以置信的表情：「啊？有一半那麼
多英國人不喜歡妳啊？那妳不覺得很嚴重嗎？」

「不會啊，記得嗎？我並不是為了讓人喜歡
才做首相的，我的抱負是要重新擦亮英國這塊老
招牌，並不是要讓大家喜歡我。」

沛沛張大了嘴，覺得
柴契爾夫人真是太帥了！

09

擦亮英國這塊老招牌

我當上首相以後，很多政策都不是讓全部英國老百姓喜歡的，可以說全英國有一半的人對我很不滿。照理來說，我是不可能在下一次的大選當選連任的，但是「時勢造英雄」，這話用在我身上，倒是非常貼切。

我有挽救英國經濟的抱負和做法，但是這些做法並不是一下子就能看到功效的。就好像醫生給病人開了藥方，病也不是藥一下肚就好了，就算是特效藥，也要有時間讓這些藥被身體吸收，從而才能發揮藥效。在我看來，大家都應該共體時艱，國家才能度過難關。

但是一般老百姓可沒有那麼遠大的眼光。反正你的政策傷害到我的利益，我就是反對到底，

所以我縮減公共支出、削減福利制度，讓原先不工作就能坐在家裡領福利金的人不滿；整頓工會，不讓工會為所欲為，左右國家財政；把國營事業改為私營，收起國家的保護傘，從此這些企業就不能不管賺賠，便能坐享豐厚的薪資和福利，那更是一下子跟全國幾百萬個家庭站到了對立面。

這些措施就連保守黨內部也有不同的聲音，很多人對我開的這些「猛藥」也不以為然。就在全國幾乎「天怒人怨」的時候，南半球的阿根廷救了我。

在南半球南大西洋上有一個群島叫做「福克蘭群島」，是英國海員在 1690 年登陸發現的。從 1833 年以後英國人就開始居住在那裡，1908 年英國將那裡併入版圖，並從那時起一直管理著福克蘭。

福克蘭群島有很重要的戰略地位，擁有好幾個優良的港口，西可以控制出入麥哲倫海峽，南

可以控制南極大陸的補給與轉運。阿根廷是距離福克蘭最近的國家，當然了解那裡的重要性，從 18 世紀開始，就為了福克蘭的主權和英國衝突不斷。早在 1971 年保守黨的希思內閣就跟阿根廷簽署了一份交流協議，但是論及進一步的發展，卻因為阿根廷要討論福克蘭的主權而被擱置下來。我的立場是應該尊重島上人民的意願，而福克蘭的居民不信任阿根廷的獨裁政府，他們比較想歸屬英國，所以英國和阿根廷在那裡是有衝突的。

1980 年代初，阿根廷發生了嚴重的經濟危機和反政府運動。於是阿根廷政府就想通過對福克蘭群島的軍事行動，用對外的衝突來轉移國內百姓的不滿聲浪，好解決國內的政治危機。

1982 年 3 月 19 日，阿根廷軍隊登陸了福克

蘭群島東南邊的南喬治亞島，並且升起國旗。到了4月2日，阿根廷的加爾鐵里總統下令對福克蘭群島發動進攻。我如果任由他國挑戰英國的主權而不採取行動，那就白被稱為鐵娘子了。

事件發生的時候，外交大臣和國防大臣都不在國內。我連夜召集內閣開會的時候，海軍參謀長穿著便服趕到，我問他有什麼建議，他很冷靜而且自信的說：「我可以組織一支包括驅逐艦、護衛艦、登陸艦和補給艦的船隊去收回被占領的群島。」

那個時候，我和其他人擔心，推測最少需要三個星期準備，但是出乎意料的，海軍參謀長卻說：「四十八小時就可以準備好，我只需要首相的授權以及政治上的支持。」這讓我安心不少，於是我問他：「我們會打勝嗎？」他向我和內閣保證：「論勇氣和專業性，英國的海軍肯定能夠打贏阿根廷。」於是我毫不考慮的授權給他，著手準備出兵。

　　戰爭難免都會有所傷亡，不到萬不得已絕對不要輕易的挑起戰端，所以在準備出兵的同時，我也著手透過第三國積極的進行外交上的斡旋。但是阿根廷的軍事強人總統加爾鐵里，根本不理會各方面的協調，還是一意孤行的進行軍事攻擊。

　　我請了我的好朋友美國總統雷根出面，但是在攻擊行動開始之前，加爾鐵里根本就不接聽雷根的電話。聯合國安理會也通過決議，要求阿根廷立即無條件撤出福克蘭群島，但是加爾鐵里依舊置之不理，就是一副「我看你能把我怎麼樣」的無賴態度。

　　至於英國國內，對出兵福克蘭雖然有共識，但是對結果卻有很大的疑懼，因為福克蘭遠在離英國本土將近 13000 公里以外的南半球，那時隨著南半球冬天的到來，南大西洋的風暴將持續不斷，如果不能夠速戰速決的話，氣候將會更加惡劣。這種情況對補給線拉得那麼長的英國非常不

利。

　　而且我也要顧慮到國內的輿論，雖然在事件發生的時候，全國力量很容易凝聚，但是時間長了，這樣的熱情也可能會消退。

　　於是我一開始就確立了目標，這一場戰役一定要儘快使福克蘭群島重獲自由，並且回歸英國的管轄，這個目標絕對不能打折。

　　艦隊向南大西洋出發的同時，我也多管齊下，透過外交途徑要求各個國家以武器禁運、不鼓勵銀行貸款給阿根廷等各種方式，給阿根廷施加壓力。有的國家配合，但是也有的國家不置可否，反而要求英國接受幾乎等於投降的協議，這當然被我嚴詞拒絕了。

　　不管國內外開始對英阿全面開戰所湧現的反對雜音，我堅持的理念只有一個：如果沒有人挺身而出對侵略者說「住手」，那麼就是鼓勵侵略，有朝一日我們都將會身處危險的境地。

　　到了4月底，通過外交途徑解決福克蘭群島

爭端的努力已經宣告失敗，這就意味著通過軍事
的收復行動立即登場。

　　1982 年 6 月，英國戰勝了阿根廷，奪回福克
蘭群島，重申主權。我們國內也由於這一次致勝
的軍事行動，而重燃久違了的舉國愛國熱忱，更
重要的是，讓英國重新得到國際社會的尊重。

　　自從 1956 年的蘇伊士運河事件＊，英國遭遇
慘敗以來，在外交上接連的退卻，使我們在世界
上的重要性日益低落，不管在朋友還是敵人的眼
裡，英國已是一個缺乏意志和能力來保護自己利
益的國家。但是福克蘭群島一役，改變了全世界
對英國的看法。

　　阿根廷想經由發動戰爭，引起國際衝突，來
轉移國內政治上的危機，但是同樣的效用也在英

＊蘇伊士運河事件：蘇伊士運河連接了歐洲與亞洲南北雙向的水運，讓歐
洲到亞洲的航行，不必繞道非洲好望角，大幅縮短航行時間，減低運輸
成本。英國從 1936 年的《英埃條約》後，一直對運河保有控制權，但是
1951 年埃及推翻條約，要求英國撤軍，1954 年英國同意放棄，於 1956
年全軍撤離埃及。

國發生。

打贏了對外戰爭，再加上英國的經濟情況，自從我下了「猛藥」之後，也恰好在那時從谷底反彈，使我個人的聲望達到了最高峰，保守黨於是在1983年的大選中再一次勝出。

取得福克蘭戰爭的勝利之後，我這個英國的女首相才真正贏得尊敬，才能跟其他世界級的男性領袖們平起平坐。照常理來判斷，那個時候的我應該意氣風發，在處理國內外事務時都無往不利才對，但是和中國政府交涉，處理香港問題的過程，卻是一個例外。

福克蘭戰爭勝利以後，我意氣風發的到中國跟有「改革工程師」之稱的鄧小平，就香港問題展開會談。

那一次的見面寒暄也很有意思，記得我對鄧小平說：「我作為現任英國首相訪問中國，很高興

見到你。」

鄧小平說：「是啊，是啊，英國的首相我認識幾個，不過我認識的那幾個，現在都已經下臺囉！呵呵，歡迎妳來呀！」

你也聽得出來，這個矮個子的傢伙說話，充滿了火藥味，言詞不是一般的犀利。打福克蘭戰爭的時候，我堅持英國擁有福克蘭的主權，現在也碰上對香港主權寸步不讓的鄧小平，我們兩人堪稱棋逢對手。

經過你來我往兩年的會談，終於在 1984 年簽訂了《中英聯合聲明》，決定 1997 年 7 月 1 日起，由中國政府在香港成立特別行政區；香港問題可以說是在我從政生涯中，唯一一次踢到鐵板，最後鎩羽而歸。

所以你現在知道，我能夠在國人並不一致擁護的情況下連任成功，其實就是應了「時勢造英雄」這一句話，不過如果你硬要說那是時勢造英「雌」，當然可能更正確一點。

10
危機處處

　　天下沒有不被批評的人和事，這句話用在我身上也不例外。不管我認為我設想得再周到、制定的政策再周延，總是有人對我有意見。

　　當年對我不滿的人，並不是只有一個地方或者一個階級、一種人。先來說那些給了我「鐵娘子」稱號的蘇聯人。我從政以來，從來不掩飾「憎恨」共產主義、反對蘇聯的態度。二次世界大戰的時候，正是我在高中、大學讀書的階段，對發生在蘇聯極權體制下的殘酷現實，已經有了自己的判斷，但是當時西方世界對蘇聯的情況知道得很少，大家最常犯的一種錯誤，就是認為蘇聯人在遇到事情時，會有和西方人一樣的反應，但事實卻不是這樣。

　　《雅爾達協定》*的簽訂，使我深思共產主義對世界帶來的軍事威脅。記得 1946 年，英國首相邱吉爾在二戰結束，觀察了歐洲共產國家的發展情況後，認為中歐和東歐的許多國家，位於蘇聯的勢力範圍內，受到蘇聯的影響和控制，造成了思想、資訊和人員交流的障礙。他形容這樣的障礙，就像是在歐洲大陸上落下一道「鐵幕」，由此開啟了以蘇聯為首的鐵幕國家，和以美國為主導的西方國家間的長期「冷戰*」。

　　1984 年我訪問蘇聯的時候，堅持自己買機票，不要蘇聯政府為我付任何費用，因為這樣才不會「拿人的手短」，才能表現出應有的骨氣。那

＊雅爾達協定：1945 年英國、美國和蘇聯三國領袖舉行的關鍵性會議，從此制定了二戰後世界新秩序和列強利益分配的方針，對世局產生深遠的影響。由於內容關係到中歐、東歐，以及亞洲各國的利益，但是會前這些國家並不知情，所以也有人稱為《雅爾達密約》。

＊冷戰 (Cold War)：指的是從 1947 年到 1991 年間，以美國為首的國家，與以蘇聯和華沙為主的國家，兩者長期在政治和軍事上的衝突。1989 年開始，東歐的波蘭、匈牙利、捷克和羅馬尼亞政府倒下，而後東西德統一，1991 年底戈巴契夫辭職、蘇聯解體，冷戰結束。

一次訪問中最難忘的是，我第一次見到當時還不是蘇聯共產黨總書記的戈巴契夫；我發現他跟以前的蘇聯領導人完全不一樣，回來以後，我直接對美國總統雷根說：「戈巴契夫絕對是一個可以跟我們合作的人。」所以，你可以說我是第一個發現戈巴契夫潛力的「西方伯樂」。

你一定想像不到，我這個堅決反對、甚至憎恨共產主義的人，後來居然在蘇聯贏得好評。1987 年我再次訪問蘇聯，接受三位蘇聯國際記者和電視節目主持人的聯合採訪，那一次採訪沒有經過刪減，在電視上原汁原味播出以後，馬上征服了蘇聯百姓。大家發現我跟政府以前一貫宣傳的西方領導人完全不同，他們覺得我理性但是充滿人情味。所以，不管你相不相信，至今我仍是繼邱吉爾之後，在俄羅斯最受歡迎的政治人物，擁有為數不少的崇拜者呢！

經過我的引介，戈巴契夫成功的跟美國總統雷根、老布希，還有當時其他西方領導人友善而

理性的交流。1991 年他宣布辭去總書記，蘇聯解體，冷戰告終，所以世人都認為我在這件事中，發揮了相當關鍵的作用。

1984 年是很值得回憶的一年，因為那一年不但是我第一次見到戈巴契夫，也是我第一次被暴力相加。

很難想像隨時有很多安全人員在四周保護，還有人敢暴力威脅我。不過在跟你講那一次的經驗以前，我先得讓你認識一個地方。

在英國本島的西邊，愛爾蘭島的東北部，有一個地方叫「北愛爾蘭」。英國本島跟北愛爾蘭之間的矛盾，不是一兩天的事情，在北愛爾蘭占多數的新教徒支持英國政府，但是其他的天主教徒卻希望能跟南方已經獨立的愛爾蘭共和國統一。這些希望統一的北愛爾蘭共和軍，為了把不贊成的人趕走，他們決定採取暴力的恐怖手段在英國各處製造麻煩，希望英國因為他們難搞而妥協，但是他們忘記了，我這個鐵娘子從來不跟恐怖分

子談判，也是嚇不走的。

1984 年 10 月，保守黨按照慣例，在布萊頓酒店舉行年會，我跟丹尼斯也一同住在那裡。那天夜裡快三點，為了第二天在大會中要發表的演講，我還在斟酌稿子，忽然兩聲巨響，北愛爾蘭共和軍就在酒店引爆了炸彈。

那一次爆炸導致五人喪命，和多位閣員受傷。不過托天之幸，恐怖分子把炸彈裝錯了樓層，裝在我住的上面一層。炸彈爆炸的時候，我還沒有睡，在漫天的灰塵和一地被震碎的玻璃堆中，我先找到了丹尼斯，確定這個我生命中最重要的人無恙，然後跟隨安全人員撤到了安全的地方。

當時，大家都勸我馬上回到唐寧街十號去坐鎮，但是被我拒絕了。我告訴他們：「明天的會議要準時開始。」這個回答，把所有人都嚇到了。

第二天上午，按照預定的時間九點三十分整，我在全場的掌聲雷動中步入會場。我站在講臺上，沒有客套，開門見山的說出我的信念：「炸

彈襲擊讓所有的人震怒，而此刻我們齊聚一堂，雖然震驚，但依然沉著而堅定，這足以顯示，不僅這一次的襲擊已經失敗，恐怖主義破壞民主的所有企圖，也終將失敗。」

　　除了北愛爾蘭共和軍以外，我也不理會工會的罷工，還遊說議會通過法條，進一步限制工會的權力，這麼一來，工會就失去了左右政府政策的力量，氣焰無法再如同以前一樣高張，因此，這也是為什麼我特別不受傳統採礦區人民的歡迎。

　　再加上許多一直受國家保護補貼，卻總是虧損的國營企業，和坐等政府救濟的人，他們持續掏空國家的財政，而我一向篤信貨幣主義*和自由市場經濟*，認為任何企業和個人，如果沒有

* **貨幣主義**：其核心主張是，在經濟活動中，貨幣扮演著最重要的角色，政府只需透過中央銀行，調控流通的貨幣，不要過多的干預經濟活動。

* **自由市場經濟**：主張政府的職能只在於維護經濟活動公平進行，並保護財產權，對於金錢和貨物的流動、價格的決定，完全根據個人意願而進行，政府不必涉足其中。

辦法在自由市場的競爭中存活，就應該任憑他們倒閉、淘汰，這樣才能逼著這些伸手等政府給飯吃的企業和百姓，使出渾身解數，自己出去爭一片天。

總而言之，我把以前工黨執政什麼都管、什麼都照顧補貼的「大政府」，改弦更張為不主動干預市場機制的「小政府」，不討好是可以想見的。

● ☆ ● ☆ ● ☆ ●

「妳能想像我的這些措施，在英國引起多麼大的反彈嗎？」柴契爾夫人問沛沛。

沛沛似懂非懂的點點頭。

柴契爾夫人進一步闡釋給她聽：「這就好像父母不許孩子吃可口但對健康有害的垃圾食物，或者為了治病，醫生強迫病人吃苦味十足的良藥。最後孩子的身體強健了，病人的病好了，但是他們並不會感謝父母或者醫生，卻只會一直記著並且埋怨食物和藥劑有多難吃。」

沛沛說：「這不就是我們常說的『良藥苦口，

忠言逆耳』嗎？」

「對啊，但是妳喜歡吃良藥，聽忠言嗎？」

沛沛搖搖頭：「可是一個團體裡，如果有很多不喜歡吃良藥、不肯聽忠言的人，不是會分成兩半嗎？」

「沒錯，就有人指責我是造成英國分裂的罪魁禍首，惡化了貧富差距。」

「那妳怎麼辦呢？」

「還能怎麼辦呢？除了堅持還是堅持，堅持到底，時間就能證明我的堅持是對的。」

11
更好的英國

「可是，」沛沛想到了一件事情：「妳怎麼能肯定妳堅持的總是對的呢？」

柴契爾夫人很高興沛沛能挑戰她的想法：「妳為什麼這樣問呢？」

她順著自己的思路說：「我只是想到這學期在學校學過的兩句成語，一個是『擇善固執』，另一個是『食古不化』，其實說的不都是『堅持』嗎？」

「那麼它們的不同，妳覺得是什麼？」

沛沛歪著頭想了想：「一個堅持的是對的、好的，另一個堅持是大家都覺得應該要改變的，對嗎？」

「也對，也不對。因為『對』還是『不對』、

『應該』還是『不應該』，都要時間才能證明。」

　　「那麼妳究竟有沒有因為堅持而做錯什麼呢？因為我實在很難想像一個人所有的堅持都是對的。」

　　　●　☆　●　☆　●　☆　●

　　我也是凡人，當然不可能事事都對。在我執政的後期，有兩件事情引起非常大的反彈，也直接造成我的離職，那就是「人頭稅」和英國加入歐元*的看法。不過只有「人頭稅」，我承認或許堅持錯了，至於英國是不是應該放棄英鎊加入歐元體系，我相信時間會還給我一個公道。

　　「稅」的問題是每一個國家，每一個統治者最不願意，卻也無法不去面對的事情。老百姓希望國家盡可能提供最好的福利，而國家也需要足夠的財政來支持建設，那麼這些錢從哪裡來？就

*歐元：是歐盟中多數國家使用的新貨幣名稱，由設在德國法蘭克福的歐洲中央銀行，和各歐元國家的中央銀行負責管理。英國迄今依然使用英鎊，沒有加入歐元。

是稅收。這個道理人人都懂，可是一旦政府要老百姓把口袋裡的錢拿出來繳稅，那可就成了難如登天的事情。

「人頭稅」簡單來說，就是按人頭平均收稅，每個人都交一樣多的稅金，這樣不但簡單，而且公平合理，因為富人並不見得比窮人使用更多公共設施，或者得到政府警察和軍人更多保護。

這種按照人頭來收稅的稅制，是我給英國許多寧可靠失業救濟金過日子，也不願意出去工作的人，下的一劑猛藥。我的論點是，如果一個人從來不用交稅，光依賴失業救濟金度日，那麼他對這個社會是不會有歸屬感的，對公共政策是不會關心的，所以我想用「人頭稅」，把這些賴在躺椅上被政府照顧得無微不至的懶骨頭，踢出門去從事生產。

你或許奇怪，如果「人頭稅」這麼好，為什麼大家會反對呢？答案其實很簡單，因為

很多好的、對的事，不一定有實現的條件。試想，要一個沒有工作的人，跟一個富有的人交一樣的稅，道理上或許很公平，但是會有人覺得合理嗎？當然，這都是我卸下首相一職以後的反省。

　　客觀的來看，人頭稅這種我認為最公平的稅制，除了以前的封建社會實施過，在現代的西方民主國家，沒有哪一個統治者敢在執政的任期中提出來，所以有人說，我那個時候力推人頭稅，根本就是自找死路。不但引起左派暴力杯葛，甚至連黨內的人也都強烈反對，因為他們都知道，這個稅法不討選民歡心，如果一意孤行下去，下一次他們在地方上的選舉都不必選了。

　　雪上加霜的是為了是不是要放棄英鎊，加入歐盟＊的歐元系統，我和黨內多數人產生了嚴重

＊**歐盟**：一個集政治和經濟實體於一身的區域組織。1965 年荷蘭、比利時、盧森堡、西德、法國和義大利簽訂《布魯塞爾條約》，成立歐洲共同體，英國在 1972 年加入。1993 年「歐盟」正式誕生，現有二十八個會員國，政治上所有成員國均為民主國家，經濟上為世界第一大經濟實體。

的分歧。他們多數主張加入，但是我堅決反對。

　　你現在也知道，我不主張政府管太多事情，基本上我傾向一個「小政府」的概念，所以對歐洲要結成一個大聯盟，連使用貨幣都要統一，這事我是打心裡不贊成的。因為國家裡會有好吃懶做的國民，聯盟裡自然也會有不怎麼上進、不成器的盟國。好吃懶做的國民，會拖垮國家經濟；不成器的盟國，也會拖垮財政健全的盟友。

　　我雖然支持英國保留在歐盟的會籍，但是我覺得歐盟應該只是個確保自由貿易，也維持公平競爭的組織。如果組成一個經濟共同體，很有可能拖垮我辛辛苦苦在英國進行的改革，所以我當然反對。

　　在 1987 年的大選中，保守黨雖然贏得了勝利，我也第三度蟬聯首相，但是由於在歐元問題和人頭稅的實施上，我跟大多數的閣員和黨員起了衝突。先是曾經非常支持我，跟我合作無間的財政大臣宣布辭職，到後來連副黨魁都跟我決

裂，可以想像我在政治上的力量，變得越來越弱。我在 1990 年的保守黨大會召開的時候，就感覺到有點不對了。

保守黨大會開過不久，跟我政見不合而退出內閣的前國防大臣麥克・赫塞爾廷，公開挑戰我的黨魁地位。就跟當年我挑戰希思一樣，既然有人挑戰，我就得應戰，在黨內舉行黨魁的選舉。

投票那天我正帶著內閣要員在巴黎出席歐洲安全暨合作會議，沒有去投票。我的顧問和助手們也低估了這一次選舉的嚴重性，有一點掉以輕心，沒有積極進行競選活動，也沒有向議員進行遊說。結果第一輪投票結果出來，我的得票雖然領先，但是彼此的差距沒有達到總投票數的15%，還差兩票，所以依照規定，還要舉行第二輪的投票。

這樣的結果，顯示我們保守黨內的確有不少人已經對我失去了信心，我雖然在巴黎表示願意繼續戰鬥，但是回到倫敦，見過個別閣員以後，

他們傳達給我的訊息讓我了解，我很有可能在第
二輪投票落敗。為了保守黨的團結，我決定退出
第二輪的投票，並辭去首相一職。

　　1990 年 11 月 22 日，我在丹尼斯的陪伴下，
離開住了十一年六個月零二十四天的唐寧街十號
首相官邸，心裡痛苦不堪。說我心裡只有痛苦也
不盡然，因為英國已經比我上任時變得更好了。

● ☆ ● ☆ ● ☆ ●

　　「對不起，我可不可以插一句嘴？這句話妳
可能不愛聽，可是妳難道不覺得，妳到後來，慢
慢也變得像妳以前指責過的、保守黨的前任黨魁

希思那樣獨裁了？妳好像也聽不進別人的意見。」沛沛小心的說。

柴契爾夫人臉現怒容：「可是，如果我堅持的是對的，為什麼要聽別人的意見來改變？他們那些大男人啊，妳如果要聽人說大話，找那些男人沒錯，但是妳如果要幹實事，還是得找女人。哼！」

「我覺得妳也有一點太偏激了，畢竟民主不就是要聽多數人的意見，而不是只聽男人或者女人的意見啊！」

柴契爾夫人聽了非常生氣，她對沛沛吼了一聲：「妳這個小丫頭知道什麼？」然後把手裡的皮包朝沛沛丟了過來。

「嘭」的一聲，沛沛覺得頭上好痛，嚇了一跳坐起來。

●　☆　●　☆　●　☆　●

「怎麼了？」媽媽聽到沛沛房間發出的聲響，推門進來。

原來她不知道什麼時候趴在書桌上睡著了，有一張前幾天媽媽幫她印的柴契爾夫人的照片已經掉在地上，檯燈也不知怎麼倒在桌上。

「妳累了怎麼不好好上床去睡呢？妳看把額頭壓得這麼紅。」媽媽伸手在她的額頭上揉揉：「還把檯燈弄倒了，有沒有打到頭？」

沛沛回頭看看床，神情有一點迷糊，不知道她睡著的時候，是不是做了什麼夢。

忽然她自言自語：「糟糕，還有一個問題沒有問。」

「妳說什麼？」

「沒有啦，媽媽，妳覺得柴契爾夫人會不會後悔走進男人的政治世界？」

「我剛看完她的傳記，書裡說如果讓她重新來一次，她一定不會從政，因為她覺得對家庭和子女虧欠得太多。」

「可是，她不也說過，一旦對政治的興趣和熱愛進到她的血液裡，不管怎樣她都會回到政治這條路上來嗎？」

「也對，我相信如果她最後不是那樣下臺的話，可能就不會有這一番感嘆了。」

看著沛沛攤在桌子上才寫了一行標題的作文本子，媽媽提醒她：「妳的作文寫好了嗎？決定今年的志願是什麼了嗎？」

「還沒有寫好，後天才要交嘛，不過我已經想好要寫什麼了。」

「我來猜猜，妳今年的志願是要做政治家，對不對？」媽媽很有把握的問，她覺得十拿九穩，俗話說「知女莫若母」嘛！

沒想到小丫頭神祕的笑著，搖搖頭。

「那妳的志願會是什麼？」媽媽心想，難道

她這幾天興沖沖讀有關柴契爾夫人的資料，還沒有起作用嗎？

「我的志願是，要做一個發掘自己興趣，而且培養出能力來實現這個興趣的人。」

「這算是什麼志願？」媽媽幾乎跳起來，真搞不懂現在這些小孩子，腦子裡究竟都裝的是些什麼呀？

　　和很多迷信「『大』就是好」、「『多』就是美」的人相反，瑪格麗特‧柴契爾深信「小」才是精緻，才是完善。

　　之前的工黨，採取無微不至的福利制度，不但讓國家的財政日益艱困，而且還養出不求上進的國民，和備受保護的國營企業，以及勢力龐大的工會。柴契爾夫人一手拆掉溫室，逼著全國個人和大小企業自力更生，迫使英國從根本改變積弱不振的體質，重新回到西方強國的行列。

　　基於同樣的理念，柴契爾夫人從一開始，就對試圖將整個歐洲結為一體的「歐盟」深懷戒心，因為國家裡既然會有仰賴救濟的懶惰國民，歐盟裡就難保沒有同樣指望保護傘的懶散國家。所以英國雖然是歐盟的一員，但是柴契爾夫人擋下排山倒海的壓力，最後甚至賠上自己的政治生命，

硬是不讓英國加入歐元體制。二十多年過去，看看今日南歐小國的經濟風波，英國反因不是歐元國，而免受波及，因此不得不承認，歷史至今是站在柴契爾夫人這一邊的。

她還帶領英國打贏了對阿根廷的福克蘭群島戰役，重新擦亮了英國這一塊老招牌，在戰後取得和世界級男性領袖平起平坐的地位，並且由於她的介入和協調，與美國聯手促成冷戰結束。

瑪格麗特‧柴契爾，一個在雜貨店樓上出生，沒有顯赫家世，沒有權貴依靠的女子，涉足男人主宰的政治圈，並成為典範，在盡是領結和雪茄煙的陽剛中，有了如一串珍珠般，柔和卻無法被忽略的內斂光芒。

柴契爾夫人 / 小檔案

1925 年　出生於英格蘭東部林肯郡格蘭瑟姆鎮。

1943 年　進入牛津大學薩默維爾學院研習化學。

1947 年　從牛津大學畢業。

1949 年　第一次代表保守黨競選達特福德選區，成為保
守黨最年輕的候選人。認識丹尼斯‧柴契爾。

1950 年　代表達特福德競選失利。隔年亦敗選。

1951 年　與丹尼斯在倫敦結婚，時年二十六歲。

1953 年　生下雙胞胎兒女，並獲得律師執照。

1959 年　當選為倫敦芬奇利市區保守黨下議院議員，成
為議會中最年輕的一員。

1961 年　被任命為養老金和國民保險部門的政務次長。

1964 年　工黨在大選中獲勝，柴契爾夫人離開政府。

1965 年　愛德華‧希思當選保守黨黨魁。

1966 年　工黨宣布提前舉行大選，再一次獲得勝利。柴
契爾夫人擔任影子內閣財政部稅務發言人。

1970 年　大選之前，改任影子內閣的教育大臣。不久，

保守黨大選勝利，被新任首相希思任命為內閣大臣，負責教育和科學部門。

1971 年　取消八到十一歲學童的免費牛奶，被冠以「牛奶大盜」的名聲，成為眾矢之的。

1974 年　英國陷入經濟危機，希思實施每週三天的工作制，但仍無法阻擋全國性的大罷工潮。工黨贏得大選，保守黨內對希思的不滿趨於白熱化。

1975 年　當選保守黨領袖，社會上罷工活動頻繁。

1979 年　出任首相，成為英國歷史上第一位女首相。

1981 年　發表著名的絕不 U 型大逆轉演說。

1982 年　派兵從阿根廷手中奪回福克蘭群島的控制權，之後訪問中國，開始談判香港問題。

1983 年　帶領保守黨贏得大選。

1984 年　簽署《中英聯合聲明》。會見戈巴契夫。

1987 年　帶領保守黨第三度贏得大選。

1990 年　拜訪戈巴契夫，恭喜他就摧毀核武與布希達成協議。因保守黨內部分裂，辭去首相的職位。

1991 年　蘇聯解體，冷戰結束。

2002 年　宣布退出政壇，隔年丈夫丹尼斯去世。

2013 年　4 月 8 日因中風去世，享年八十七歲。

參考資料

書籍

- 《通往權力之路:柴契爾夫人自傳》／Margaret Thatcher 著; 李宏強譯
- 《唐寧街歲月:柴切爾夫人自傳》／Margaret Thatcher 著;李 宏強譯

電影

- 《鐵娘子》(*The Iron Lady*)／Phyllida Lloyd 執導
- 《鐵娘子的政治之路》 (*Margaret Thatcher: The Long Walk to Finchley*)／Niall MacCormick 執導

紀錄片

- 《鐵娘子柴契爾夫人傳奇》／公共電視製作

電視節目

- 《鳳凰大視野・鐵娘子》／鳳凰衛視製作

國家圖書館出版品預行編目資料

柴契爾夫人 / 李民安著;韓子千繪.－－初版二刷.－－
臺北市: 三民, 2018
面; 公分.－－(兒童文學叢書/近代領航人物)

ISBN 978-957-14-5868-7 (平裝)

1. 柴契爾(Thatcher, Margaret, 1925-2013) 2. 傳記 3.
通俗作品

781.08   102026000

© 柴契爾夫人

著 作 人	李民安
繪 者	韓子千
主 編	張燕風
發 行 人	劉振強
著作財產權人	三民書局股份有限公司
發 行 所	三民書局股份有限公司
	地址　臺北市復興北路386號
	電話　(02)25006600
	郵撥帳號　0009998-5
門 市 部	(復北店) 臺北市復興北路386號
	(重南店) 臺北市重慶南路一段61號
出版日期	初版一刷　2014年1月
	初版二刷　2018年1月
編 號	S 782390

行政院新聞局登記證局版臺業字第○二○○號

有著作權‧不准侵害

ISBN　978-957-14-5868-7　(平裝)

http://www.sanmin.com.tw　三民網路書店
※本書如有缺頁、破損或裝訂錯誤,請寄回本公司更換。